"阅读伴我成长"系列丛书编委会

主　编：姚　伟

副主编：施俊法　朱军一　贾　翔　凌肖宏

编　辑：夏成伟　孙文波　任晓根　刘　虹

点　评：林　峰　沈利岗　吴丽佳　周　亮

　　　　刘　晶

阳光下的纸飞机

（2018 年小学卷）

"阅读伴我成长"系列丛书编委会 编

浙江文艺出版社

图书在版编目（CIP）数据

阳光下的纸飞机 / "阅读伴我成长"系列丛书编委会编. —杭州:浙江文艺出版社,2019.4
ISBN 978-7-5339-5644-8

Ⅰ.①阳… Ⅱ.①阅… Ⅲ.①作文—中小学—选集 Ⅳ.①H194.5

中国版本图书馆 CIP 数据核字(2019)第 060556 号

责任编辑 张 雯
装帧设计 吕翡翠
责任印制 张丽敏

阳光下的纸飞机(2018 年小学卷)

"阅读伴我成长"系列丛书编委会 编

出版 浙江文艺出版社
地址 杭州市体育场路 347 号
邮编 310006
网址 www.zjwycbs.cn
经销 浙江省新华书店集团有限公司
制版 杭州天一图文制作有限公司
印刷 杭州印校印务有限公司
开本 710 毫米×1000 毫米 1/16
字数 191 千字
印张 13.25
插页 14
版次 2019 年 4 月第 1 版 2019 年 4 月第 1 次印刷
书号 ISBN 978-7-5339-5644-8
定价 30.00 元

阅读伟大变革　致敬伟大时代

2009年,新中国成立六十周年,嘉兴的"阅读伴我成长"系列读书活动诞生。2018年,改革开放四十周年,"阅读伴我成长"系列读书活动进行了十届。十年,我们阅读伟大的变革,致敬伟大的时代。

我们致力营造氛围、整合资源、创新形式,推动阅读。推荐给大家的图书,或上下五千年,或纵横八万里;既有上九天揽月的中国航天,也有传承经典的华美诗篇;读得到屠呦呦的坚持,也读得到邓稼先的睿智……

倡导亲子阅读,读的是书,升华的是亲情,成长的是心灵;倡导坚持阅读,形成阅读的习惯,更能从阅读中获得力量。读有字之书,借鉴前人的智慧;读无字之书,感受社会的进步。

在小朋友的绘本作品中,有妙趣横生的童年。他们用稚嫩的笔画,在爸爸妈妈的帮助下,表达了对这个世界的好奇与热爱。在同学们的文章中,可以读到作者对父母的理解和爱,对责任的理解与担当:追求个人的成功也敢于担起自己的责任。展现了红船学子阳光的心态、积极的人格,未来可期。

有报道说，中国的人均阅读量在世界上排名不高。那么，"阅读伴我成长"系列读书活动便更有意义。习近平总书记说，书籍是人类知识的载体，是人类智慧的结晶，是人类进步的阶梯。就让我们沿着这进步的阶梯，攀上知识的顶峰，沐浴智慧的光芒。

十年，"阅读伴我成长"系列读书活动向大家推荐图书千本（套），出版作品集二十本。

2019年，新中国成立七十周年，"阅读伴我成长"第十一年。我们继续阅读伟大变革，倾听时代华章，迎接伟大的"两个百年"，与中华民族同呼吸，共成长！

"阅读伴我成长"系列丛书编委会

2019年3月

目录

团结·坚持·勇气·智慧
——读《星辰夜空Ⅳ 解谜空教室》有感

学校:海盐县向阳小学　作者:方晨悦　指导老师:徐明霞

　　一看到书单上一本叫作《星辰夜空Ⅳ 解谜空教室》的书,我立刻被吸引了。二话不说,买下了这本书。回到家,我就迫不及待地读完了它。我完全被作者精准到位的写作手法、大胆的魔幻想象、扣人心弦的情节描写深深地吸引了。

　　这本书主要讲的是:十二星座女孩先是被卷入扑朔迷离的白兔失踪事件,再是间接成了两大魔法高校冲突升级的由头,还与钟表店的姑娘产生了千丝万缕的联系……在一桩桩事件中,神秘的记忆碎片接二连三地出现。她们解开了空教室的谜团,关于数十年前十一名学生突然失踪的真相逐渐浮出了水面。

　　看完这本书,回味书中的内容,我觉得受益匪浅。

　　团队是获得成功的坚强后盾。在此书中,我真切地感悟到,在我们成长的道路上,要像十二星座的女孩们那样,不断地历练自己,使自己变得强大,同时发挥团队精神。一个人的能力是有限的,但是团队的力量是无限的。俗话说得好:"一根筷子容易折,十根筷子坚如铁。"只要团结一致,没有什么是办不到的。我想起了我们校园生活中的点点滴滴。包干区扫地时,我们每人分一块,各自打扫,扫得差不多时,都要拿畚箕积垃圾,谁都想快一点,你争我抢,分界线上的垃圾,你推我推,这样反而效

率低下。后来我们改变方式,六人负责扫地,两人处理垃圾、拔杂草,这样一来,工作效率果然提高了不少。默契合作的团队有助于我们成功解决问题。又比如我们班级到梅花洲活动时,有一个项目是骑毛毛虫比赛。小组五人坐在充气毛毛虫上,看哪组最先到达终点。我们看到有的同学脚很快蹬地,这人就往前去。有的坐在那里不费力气,等于别人要抬着他走,这样后面的同学就撞上来了,而毛毛虫还是在原地。有的一组里,有人拽着毛毛虫往上蹿,有的往前去,用力方向不一致,毛毛虫在地上扭来扭去。笑过之后,我们小组决定,由一人喊"一二三",其他同学跟着节奏,脚蹬地人往前。按着我们的设计方案行动,毛毛虫真的前进了,而且速度越来越快,很快就到了终点。目标一致、齐心协力的团队取得成功的概率更大。(前后对比的描写将截然不同的结果呈现,突出团结的重要性。)

坚持是获得成功的永恒动力。当我回过头来想了解一下写出这本好书的作者是何许人时,作者的简介简直让我惊讶得嘴巴都合不拢了。作者陈书缘居然是2001年12月出生的,比我大了六岁都不到!她从六年级开始尝试小说创作,到现在已经写成了五本小说。其实我也有过写小说的念头,还在班中组织了一个写作组。可由于学业的繁忙和思维的枯竭,小说本早已被我束之高阁,我们写作组的同学也都跑光了,只留下了几本未成品。可想而知,她平日积累了多少优美的好词佳句,沉淀了多少丰富的专业知识,耗费了多少心血,付出了多少精力,才能有如此的收获。没有执着坚持的精神,哪来的收获?(由自身经历入手,联系作者的生平,在比较中探讨成功的秘诀。)认准了一件事,做一天,做一星期,是容易的,难的是长时间的坚持。任何一个人的成功都是建立在坚持的基础上的。而我,恰恰欠缺了这点。

勇气和智慧是获得成功的重要保证。十二星座女孩勇气可嘉,并且充满智慧。譬如在"招生考试周"中,两个女孩在场景"绝谷"中遇到了一只长着尖尖的嘴的鸟,她们在危急关头,利用"时间停止"魔法,用旁边地上的树枝对抗"大鸟",两人伤痕累累,但还是凭借过人的智慧、顽强的意志和勇气胜利了。尽管身处险境,她们还是沉着冷静地思考对策,迅速地做出了反应,认出了这只大鸟学名"赤腹鸟",她们不怕受伤,圆满地完成了任务,获得了招生考试中的许多积分。是呀,在我们的生活中,智慧和勇气都是必不可少的。如果只有智慧,就容易散发令人讨厌的书呆子气;如果只有勇气,就变成了所谓"头脑简单,四肢发达"的只知道蛮干的人。只有智慧与勇气相结合,才是最有用的。就像攀岩,如果你面对障碍,敢于挑战,在找准一个个攀岩点时能选择合适的路径,那就能快速冲顶。有胆无心,光有勇气与蛮力,就找不到捷径;有心无胆,连踏出去的勇气都没有,再好的办法也是纸上谈兵。有勇有谋,才能换得美好的结果。

我喜欢《星辰夜空Ⅳ 解谜空教室》这本书,更喜欢十二星座女孩那同心协力、坚持不懈、勇往直前的精神! 坐在书桌前,我又一次打开了这本书。

点石成金

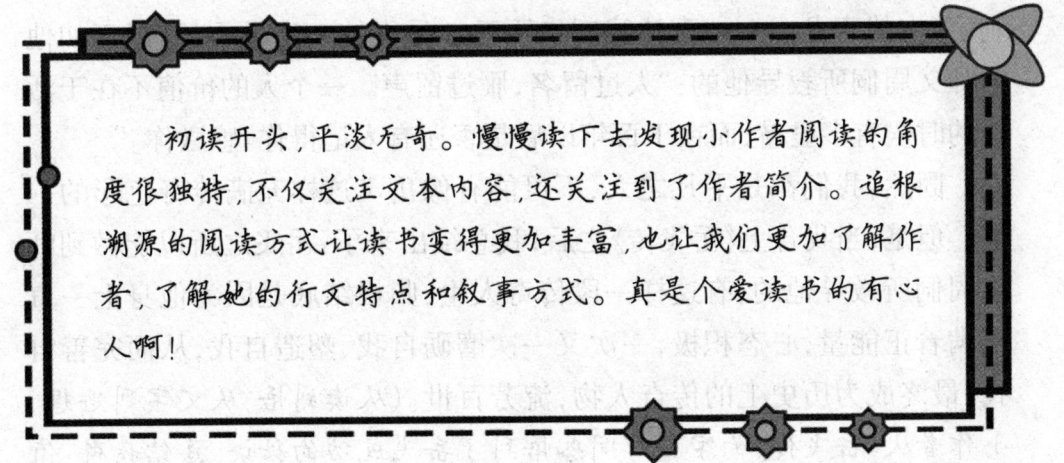

　　初读开头,平淡无奇。慢慢读下去发现小作者阅读的角度很独特,不仅关注文本内容,还关注到了作者简介。追根溯源的阅读方式让读书变得更加丰富,也让我们更加了解作者,了解她的行文特点和叙事方式。真是个爱读书的有心人啊!

积极心态　塑造自我

——读《岳飞传》有感

学校:北京师范大学南湖附属学校　作者:贺　言　指导老师:刘丽丽

　　寒假里,我沉浸于书海,读了好多好书,其中最让我读得津津有味的当属《岳飞传》。

　　《岳飞传》这本书主要讲述岳飞从褴褓到成长,再到受冤屈遇难,最后沉冤得雪的整个传奇历程。每晚阅读完闭眼睡觉时,书中的精彩片段都如同放电影一般一幕幕在脑海里闪现出来:岳飞学艺、校场比武、岳母刺字、大战青龙山……真让我叫绝不已。岳飞的一生虽不长,但正如他的师父周侗所教导他的:"人过留名,雁过留声。一个人的价值不在于活着的时候有多显赫,而在于百年以后是否还有人记得你、感激你。"

　　固然,我们都是平凡之人,不可能有像岳飞这样充满传奇色彩的一生。但是,当我合上《岳飞传》之后,我总结出来了:岳飞之所以能做到师父周侗所教导他的,有这样一段传奇人生,归根结底是因为他身上一直充满着正能量,心态积极,一次又一次磨砺自我、塑造自我,从而完善自我,最终成为历史上的传奇人物,流芳百世。(从读到悟,从文字到思想,小作者从《岳飞传》的字里行间感悟到了岳飞成功的秘诀,总结精辟,值得点赞。)

　　一个人的一生,如果一直能以一种积极的心态去面对,那么,他将拥有自己出彩的人生路。

那天晚上，我看完《岳飞传》，浮想联翩。我想起了自己之前那段代表学校做少代会工作报告的经历。（从岳飞的世界再到自己的生活实际，小作者很会学以致用。）

当时，我拿到辅导员给我的稿子，翻开一看，真是一篇相当有难度的朗读文啊！字、词、句、段要查阅和反复斟酌才能读通，字数更是超过三千字。我当场就想放弃了，这也太难了吧？就剩一个双休日时间，我有兴趣班要上，又有繁重的作业要做，时间不长，朗读难度又大。现在想来，跟岳飞一生所遇到的磨难一比，算得了什么呀？他从小寄人篱下却不忘刻苦学习，家境贫寒却志向高远。在岳飞的眼里，什么都是暂时的，只要有一颗积极向上的心，就能雨过天晴，见到彩虹。幸亏那个时候妈妈的一顿严厉批评把我给点醒了，我才调整好心态积极地去面对挑战，现在想来真觉得惭愧啊！读通读好这份工作报告的过程是艰难的，我在母亲的严格辅导下，也一次次想要"打退堂鼓"。现在看了《岳飞传》后，脸红啊！岳飞在沙场上遇到的是随时都要付出生命的艰难险阻，智勇双全的他，在积极心态的引导下，一一迎刃而解、化险为夷。我怎么好意思碰到点小小"纸老虎"就皱眉头、哭丧着脸呢？（把岳飞面临的艰难险阻和自己遇到的"纸老虎"对比描写，让读者更能深切感受到小作者感悟之深，触动人心。）如果那时就读这本书，相信我会从岳飞身上汲取到力量，克服起困难来也会更加有勇气吧！经过三个晚上的朗读训练，我终于能像样地把工作报告读下来了。

召开少代会的这一天终于来了，在上台的一刹那，我的心又剧烈地颤了一下：我会读错吗？读错了可怎么办才好？这可不是儿戏，这可是有几百个学生代表、老师和领导在场的呀！还有摄像头，电视上都会出现我的身影的。现在想来，觉得自己太过于瞻前顾后、欠缺自信。既然有充分的准备，那就应该选择相信自己担当得起。你看岳飞，有所决策，就勇往直前、积极面对。

虽然那次少代会的工作报告，我最终顺利完成了，博得了领导和老师们的好评，但我现在想来，觉得自己做得还远远不够。

　　一份经历就是一份财富,一段阅读同样也是一份财富。现在读了《岳飞传》,我更加明白面对学习和生活中的各种状况,应该以一份怎样的心态去面对了。我会多汲取正能量,就像岳飞一样,有了积极的心态,才能塑造属于自己的精彩人生。

点石成金

　　小作者会读善思,通过阅读《岳飞传》,把岳飞当成了自己的榜样,并在生活中能以岳飞为镜,时刻检阅自己。文章文笔亲切,文风简约,小作者读书明志,字里行间有着满满的正能量。

踏着力气，踩着梦
——读《根鸟》有感

学校：海宁市黄湾镇中心小学　作者：马雨婷　指导老师：马佳颖

一丝不苟，是柏树的品质；默默奉献，是小草的品质；勇往直前，则是根鸟的品质。

——题记

从最初一个进入平凡少年梦境的女孩、一根从远方飘来的布条，到最后那个男孩伏在百花丛中号啕大哭，直至最终见证梦中情景的喜悦，这些无一不触动着我的心灵，这些都来自一本书——《根鸟》。

少年捕捉他的梦，必须像一名勇士，无畏前方的未知，学会拒绝安逸和沉沦，学会抵挡孤独和寂寞。毁灭不了的向往是他的白马，骑上白马，才能抵达白鹰之家。读《根鸟》的时候，我想起了《野子》里的歌词，"踏着力气，踩着梦"。

当我细细地读完这个故事后，我被这个情节跌宕起伏的故事震撼了：一个少女到悬崖上采花，掉进了峡谷。她出现在一个叫根鸟的少年的梦里。根鸟出发了，一飞冲天，去寻找属于自己的梦。荒漠、草原、大山、村落、峡谷、小镇……

在菊坡，梦开始的地方，根鸟是自由的，也是稚气的，他想用狩猎的成功向父亲和菊坡人证明自己的成长。一只白鹰的出现，带他进入了诡

007

秘的梦里,梦中是开满百合花的大峡谷,那里有名叫紫烟的姑娘。父亲说,这是天意。十四岁的根鸟在此启程,开启寻梦之旅。

在青塔,根鸟遇到了板金,一个丢了梦的人,他一路西行,且行且寻。第一次知道了无梦的黑夜是那样的暗沉沉,让人失望。羞涩的少年,梦在他面前似乎摇摇欲坠。别人言语的戏谑,现实的饥饿,让他开始踌躇。这时,是板金先生让他明白何为卑下,何为自尊。

独眼老人说:"天底下,那些颜色最鲜艳的东西,差不多都不是好东西。"一颗颗鲜红欲滴的红珍珠,能够让人忘记过去,像奴隶般只记住眼前的事。鬼谷,这个梦脆弱的地方。经受过挫折的人,最容易想念家里的温暖。苦难碰触到根鸟内心的脆弱,他似乎耗尽了精力,泪水滚滚地涌出。骑上白马,掉转马头,直向东去,他将心中的大峡谷暂时遗忘了。

一个个场景奇异而玄妙。恍惚、迷乱、摇摆、清醒、执着、一往无前,他在痛苦中品尝着快乐。合上书,一个个问号在我的心头萦绕,如果我是根鸟……(一个个词语跳跃纸间,让人跟随着根鸟跌宕起伏。)

如果我是他,当我知道那张求救字条,并且梦到长满百合花的大峡谷时,我会像根鸟一样去追求梦想吗?

如果我是他,当我流落至鬼谷,历经磨难时,我会打起精神努力计划逃生方案吗?

如果我是他,当我生活在既富裕又幸福的杜家时,我会放弃一切美满的生活,独自出发去寻找那个长满百合花的峡谷吗?

现在的我们,生活比根鸟不知幸福多少倍!饭来张口,衣来伸手,娇生惯养。任性、贪玩是我们这一代人最大的缺点:我们每天抱怨饭菜不可口,埋怨父母太烦人,讨厌衣服不时髦。其实我们都快成为家里的"小公主""小王子"了,难道我们还不满足吗?(联系生活展开反问,引人思考。)从降落在这个五彩缤纷的世界,到背上书包上学,父母和老师为我们铺设了一条平坦的阳光大道,一路上为我们清除了一切障碍,为我们遮风挡雨。在我们成长的道路上,因为父母,我们过上了幸福的生活;因为父母,我们无忧无虑地成长。然而,生活不可能一帆风顺,它存在着千

千万万困难与挫折,它需要我们勇往直前。

神秘、梦想、流浪、怀疑、打击、劳累、诱惑……人生的每个阶段犹如根鸟走过的每个地方,梦想伴着他一路洗净铅华。愿在每个角落的逐梦人都能像根鸟一样:踏着力气,踩着梦!

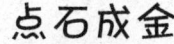

点石成金

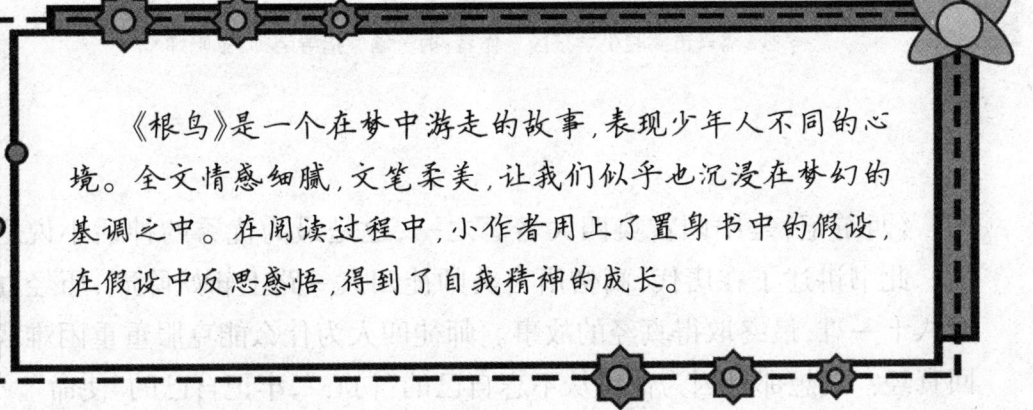

《根鸟》是一个在梦中游走的故事,表现少年人不同的心境。全文情感细腻,文笔柔美,让我们似乎也沉浸在梦幻的基调之中。在阅读过程中,小作者用上了置身书中的假设,在假设中反思感悟,得到了自我精神的成长。

不忘初心，牢记使命
——读《西游记》有感

学校：嘉兴市实验小学东区　　作者：梅子涵　　指导老师：张晓娣

　　《西游记》是中国古典四大名著之一，也是最为优秀的神话小说之一。此书讲述了在唐代，高僧唐玄奘师徒四人一路上斩妖除魔，历经九九八十一难，最终取得真经的故事。师徒四人为什么能克服重重困难取回真经？我想那是因为他们从不忘自己的"初心"，牢记自己的"使命"。

　　首先，他们具有坚定不移的信念。师徒四人在取经途中跋山涉水、风餐露宿，受尽各种苦难和折磨，可他们却一点儿也不因为疲劳而放弃。在途中，他们也会感到厌倦、思念家乡，可他们却坚强地战胜了困难险阻。他们不光靠坚持、靠本领，更重要的是他们有坚定的理想信念，正所谓"有志者事竟成"。

　　其次，他们具有砥砺前行的意志。师徒四人一路上不仅有坚定不移的信念，而且牢记肩负的使命，拥有砥砺前行的意志。尽管一次次地陷入困境，但他们依然牢记使命，奋勇前往西天。三个徒弟也时刻牢记自己保护唐僧去西天取经的使命。孙悟空尽管被师父误会赶回了花果山，却暗暗打听师父的消息，第一时间赶去解救陷入危险的师父。

　　最后，他们具有真善美的品质。师徒四人一路取经，一路助人为乐。如：在陈家庄，救了两个孩子，灭了灵感大王；在紫朱国，好心肠的孙悟空当了医生，为紫朱国国王治病，又除了赛太岁；在车迟国，救了和尚，

恢复了车迟国的繁荣……他们的事迹感动了国王,感动了一路的老百姓,所以当他们遇到困难时也得到了别人的相助。

唐僧师徒四人"不忘初心,牢记使命",以坚定不移的信念、真善美的品质取回了真经。他们的品质指引着我们的学习、生活和工作态度。其实,我们每个人都有自己的"初心",都肩负着自己的"使命"。中国共产党人的初心和使命是"为中国人民谋幸福,为中华民族谋复兴";医生的初心与使命是"救死扶伤";教师的初心和使命是"教书育人"……那么我们青少年的初心和使命又是什么呢?(由师徒四人的使命过渡到青少年的使命,层层推进,启发思考。)梁启超先生说过:"少年智则国智,少年富则国富,少年强则国强,少年独立则国独立,少年自由则国自由。"十九大报告中,习总书记也强调:中华民族伟大复兴的中国梦终将在一代代青年的接力奋斗中变为现实。全党要关心和爱护青年,为他们实现人生出彩搭建舞台。我们作为祖国的花朵,勤奋学习、自强上进是我们的使命,听从师长、乐于助人是我们的使命,勤俭节约、孝敬父母是我们的使命,承担责任、挑起重担是我们的使命,打造蓝图、建设国家也是我们的使命。

我们这一代青少年是幸福的一代,父母无微不至地照顾我们,老师不辞辛劳地教导我们,繁荣富强的祖国培育我们。但是我们有的同学却在优越的环境中养成了惰性,饭来张口,衣来伸手,怕苦怕累,遇到小小的挫折就半途而废……就说我吧,说好暑假每天洗碗,结果没几天就"罢工"了;说好和妈妈一起打扫卫生,拖地没拖几分钟就累得腰酸背痛而撒手不干了;做奥数题一遇到困难不是求家长就是求"作业帮",从不肯自己静心钻研……(生活中的小事,素材真实。)妈妈每天教导我,要我认真学习,做事一丝不苟,做人正直善良,我还嫌她絮絮叨叨。现在我才知道这些都是我的"使命",是我们新时代少年义不容辞的"使命"。

我们广大青少年必须树立远大理想,志存高远,脚踏实地,勇做时代的弄潮儿,才能为实现中国梦放飞青春梦想。我们必须时刻不忘自己的"初心",牢记自己的"使命",那么我们也能取回属于我们的"真经"。虽

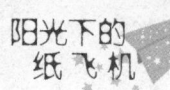

然在"取经"途中会有这样那样的困难、挫折，但我坚信有祖国的关心爱护，有老师父母的教导，我们必将胜利！

点石成金

行文有序，思路清晰。《西游记》的故事虽然家喻户晓，小作者却能从熟悉的故事里品读出师徒四人的意志品质。从人物形象入手，结合自己的一言一行，将"初心"的内涵具体化。"取经"虽不易，但坚持初心、砥砺前行的精神一定会让你取得"真经"。

红星的力量
——读《红星照耀中国》有感

学校:海盐县三毛小学   作者:汤恺睿   指导老师:沈敏钰

　　这个寒假,爸爸向我推荐了一本书——《红星照耀中国》。一捧起这本书,我便深深地迷恋上了她。她如一块磁铁,深深地吸引了我;似一盏明灯,指引着我向着红星照耀的方向前进。

　　这本了不起的书是美国著名记者埃德加·斯诺的不朽名著,是一部文笔优美的纪实性很强的报道性作品。它以讲故事的形式,详细记录了工农红军在西北革命根据地的情况。

　　斯诺在序言中写过这样一段话:从字面上讲起来,这一本书是我写的,从最实际主义的意义来讲,这些故事却是中国革命青年们所创造,所写下的。这些革命青年使本书所描写的故事活着。所以这一本书如果是一种正确的记录和解释,那就因为这是他们的书……

　　斯诺的这番话让我深深地感受到了红星的力量——工农红军一颗红心心向党。细细地品读,我被深深地感动了,她拥有一股无形的力量,促使我读完这本书。"一个共产党员的由来""长征""去前线的路上""同红军在一起"……我如饥似渴地阅读着,震撼着,感动着。

　　读着读着,这充满力量的文字竟然变成了一个个真实的画面:红军的长征触目惊心却又激动人心——五岭逶迤腾细浪,乌蒙磅礴走泥丸。金沙水拍云崖暖,大渡桥横铁索寒;红军出现在西北——千千万万的群

众欢迎他们,把他们当作自由的象征;和红军领袖在一起——毛泽东、朱德、周恩来、贺龙等名字刻在我心……(画面描写简述了文本内容,巧妙而形象。)

我渐渐地明白,红星是如何闪闪发光的,是如何温暖人心的,是如何照耀中国的! 工农红军便是红星,共产党便是红星,伟大的革命领袖便是红星! 这颗红星折射的是红军那种不可征服的可贵的精神,那种强大的力量,那种强烈的欲望,那种极大的热情……是啊,红星的力量就是坚持革命、坚信正义、不畏艰难、勇往直前,就是坚持独立、实事求是、顾全大局、紧密团结,就是一直拥有的革命英雄主义和乐观主义精神!

我是一个新时代的红船少年,在这本书中居然也找到了同龄人——"红小鬼"。这些"红小鬼"都是少年,年龄都在十一至十六岁之间。他们在红军部队当通讯员、勤务员、号手、侦察员、无线电报务员、挑水员、宣传员、马夫、护士、秘书,甚至教员! 那时,在西安污秽的监狱里,就关着二百多名这样的"红小鬼",他们有的是在做侦察或宣传工作时被捕的,有的是在行军时被抓的。读着读着,我不禁陷入了沉思:他们——我的同龄人怎么能经受这样的生活? 这样的花季年龄,我们甚至还在父母的怀里撒娇,而他们却早已挑起国家的重任。他们的刚毅坚忍令人叹服,他们头戴红星,对红军忠贞不贰、坚定如一!

"红星闪闪放光彩,红星灿灿暖胸怀,红星是咱工农的心,党的光辉照万代……"(引用歌词与前文相呼应,又自然过渡到结尾。)这首《红星歌》壮志昂扬的旋律在我的耳畔响起,我竟不自觉地哼唱起来。是啊,虽然红军长征已经成为历史,但红军长征精神仍然在延续、传承——我仿佛看到了,新时代的红星队伍正在茁壮成长,在红星的照耀下,他们正努力学习,奋发向上。他们定会用实际行动让红星大放异彩,定会用滚烫的红心让"红星"继续释放强大的力量!

点石成金

一段历史，一颗红心，一种精神。在小作者的笔下，我们重温了红军长征的历史画卷，一个个无名的英雄在艰难困苦中坚守自己的理想信念。难得的是小作者能从历史的阅读中反思自己的生活，做一个红色精神的传承者，有志向有信念！

心灵小站

由百折不挠的信念所支持的人的意志，比那些似乎是无敌的物质力量有更强大的威力。

——〔德国〕爱因斯坦

默默坚守，无私之爱
——读《绝境苍狼》有感

学校:海盐县向阳小学　作者:王静逸　指导老师:孙美花

　　默默坚守诠释着责任担当,平凡中的默默坚守诠释着人间大爱真情。多少人默默守护着自己那颗赤诚的责任心,释放着浓浓的爱,散发着无私的光。

——题记

　　铁角,与狼斗、与熊斗、与豹斗,天敌尖牙利爪带来的痛楚贯彻全身,它从来都不会退缩;铁角,星宿海上所向披靡的牦牛王,天敌敬畏它,同伴仰慕它;铁角,飞扬着长鬃在星宿海上呼啸驰骋,如同一面威武的旗帜……

　　那是一个寒冷的深冬,那是一场怎样的战斗啊!呜咽的暴风雪、恶狼的长嗥、牦牛的嘶鸣,响彻原野。向铁角进攻的恶狼,如同轰轰烈烈的雪崩,越聚越多,甚至有的跃上铁角的脊背。在激烈的战斗中,铁角后蹄踩到一块浮冰,脚下一滑,它就连同十几只恶狼一起跌入万丈悬崖。

　　铁角,星宿海的牦牛王,奇迹般地活了下来。回到牦牛群,眼前一片片凝固在冰原上的黑色血迹,一个个牦牛母亲悲伤无神的眼睛,令它曾经熊熊如火的心感到冰冷而绝望。此后,牦牛群中出现了一个体形庞大的邋遢的"怪物",总是一瘸一拐地远远尾随在迁徙的队伍之后……

"星宿海上威武的旗帜"变成了"邋遢的怪物"，它经历了什么？它从此就沉沦了吗？我的心，不由自主地进入了星宿海，去见证牦牛王的传奇。

　　默默坚守，无私的爱。盛夏，年轻的牦牛黑子和灰毛陷入沼泽，铁角不顾右后肢的剧痛，不顾自己生命的安危，义无反顾地跳进沼泽艰难地救下了黑子和灰毛。入秋后，黑子带领着同伴们练习防御阵，铁角心里重新燃起了熊熊火焰，它教小牦牛们防御阵，一招一式尽显"牦牛王"年轻时的雄风。冬天到了，狼群不断袭击，牦牛群岌岌可危，铁角在防御圈外纵、横、转、合、刺……指挥着年轻的黑子和同伴们保护手足兄弟，击退了狼群。(高度凝练的语言再现了文本情境，有画面感。)此时的铁角已不是首领，而是牦牛群眼中另类的怪物。这种守护怎能不令我感动、敬佩！这默默坚守、无私的爱已足够让我为之震撼！

　　无独有偶。湖北省农村优秀教师邹桂芬默默坚守三十多年，将无私爱心献给了学生。她，为了让偏远教学点的孩子能上好学，在湖北省郧县(今郧阳区)南化塘镇罗堰村这个贫瘠的山沟里一守就是三十几年。她，将真情和挚爱无怨无悔地献给了这片深山里的孩子，三十几年来几乎每天都要背着学生们过六十米宽的河。在邹老师的教学日志上，我们看到了这样一段话："一连下了好几天的雨，河水没退，还淹着桥，学生过河还要老师背，好冷呀，腿都麻了，学生还没有背完，坚持背下去，一定要坚持下去，终于把这十二个学生都背过去了……"邹老师就是这样一次次地把学生背过河的！她背了两代人，落下了严重的风湿病！教书育人是邹老师默默坚守的事业，但在她责任心下释放着的爱更闪着无私的光芒，让我钦佩、折服。这样的坚守，这样的爱，像一盏灯，将一直点亮在我心里。

　　默默坚守，无私的爱。铁角就算被大家误解、排斥、唾弃，它仍心如磐石，坚定不移地守护着牦牛群，守护着星宿海。在牦牛群命悬一线时，铁角重展年盛时的风采，它如同燃烧在星宿海上的烈火。它与小牦牛们配合默契、力挽狂澜，使牦牛群转危为安。

　　这样一头可爱的、执着的老牦牛，不禁让我想起了自己的爷爷。爷爷，是《爷爷一定有办法》里的爷爷；爷爷，是会背着爸爸妈妈带我去超市替我解馋的爷爷；爷爷，是与我一起搭起各式各样积木城堡的货真价实的"老顽童"。有老顽童为伴，我无忧无虑，开心快乐。在我读三年级的时候，爷爷、奶奶的身体不太好，妈妈让他们回乡下自己住，不再照顾我们的生活，要我放学后自己走路回家。那是一个大雨滂沱的下午，我独自一人走在放学回家的路上，望着路上汽车、电瓶车飞驰而去，听着豆大的雨珠砸在雨伞上发出的"嘭嘭"声，感受着雨珠落在身上的丝丝凉意，我心里充满了嫉妒与失落。(环境描写与内心感受相呼应，渲染了人物此时此刻的心情。)我嫉妒其他同学有家长接送，我失落，我知道奶奶在嘉兴住院，爷爷在照顾她，根本不会有人来接我。这时，一辆电瓶车停在了我身旁，是爷爷！是爷爷来接我了！我欣喜若狂，当看到爷爷那满是雨水的脸上的关心与心疼时，我鼻子一酸，眼泪扑簌簌地落了下来。爷爷的雨衣下，雨水仍借着风灌进来，可是暖暖的东西在心里燃起，我知道，那是爷爷的爱。

　　默默坚守中，星宿海上的牦牛群正壮大着，时而向前飞奔，时而围守防御；默默坚守中，校园里的孩子们悄悄地长高，展露着幸福。思绪回旋，脑海里响起了一句话："请记住，在你身后，有一个强大的祖国！"清晰地记起观看《战狼2》时激动的心情和无比的自豪感。

　　2018年9月4日，第21号超级台风"飞燕"横扫了日本大阪关西地区。受台风影响，关西机场陷入瘫痪并关闭，成了"孤岛"，共计约有3000名乘客受困，其中包括700余名中国人。正当被困人员焦急地等待时，5日上午，中国驻大阪总领馆迅速启动应急机制，协助旅客分批安全撤离机场。

　　这不是我们的祖国第一次挺身而出为人民挡风遮雨，无论是利比亚撤侨行动，还是多米尼亚撤侨行动，抑或是吉尔吉斯斯坦撤侨行动，祖国都是第一时间动用各种力量实施救援，有包客机的，有出动军舰的，有使用军机的……不管你在世界哪个角落遇到危险，祖国都会第一时间接

你回家!

　　祖国真的变强大了,无论身处何地,我们都能感受到有一种强大的力量在保护着自己,那是一种骄傲,那是一种自豪!祖国默默守护着我们的祖辈一代又一代,大爱无私地呵护着世界每一个角落的中国人。我们是新时代的接班人,我们应珍惜一切给予我们的爱,将它们暖在心怀,不断传递!

点石成金

　　一匹绝境中的苍狼,像一个孤胆英雄。小作者抓住了主人公默默坚守的品质,由他人故事到自己生活再到国家精神,层层推进,为我们展开了多角度的解读。难得的是他能将生活中看到的、听到的、感受到的不同素材巧妙融合在同一篇文章内,有巧思!

我想做这样一个人
——《昆虫记》读后感

学校:平湖市东湖小学　作者:王与可　指导老师:林僖慧

有这么一个人,他拥有一块地,一块来之不易的地。他没有用这块地建造豪华的别墅,而是用这块地来保护大自然的一切,同时探索着昆虫的奥秘,写下了一部震撼人心的著作——《昆虫记》。(文章开头引人入胜,激发了读者的好奇心,让人迫不及待想往下读。)那个人便是——亨利·法布尔。他用那闪烁着光芒的眼睛和手中充满想象力的笔,把一只只不起眼的昆虫写成了拥有人一样性格的灵性动物,似乎它们也会笑,也会哭,过着和人一样的生活,都有着自己的个性。

法布尔小时候家里很穷,住在一个小乡村里,七岁时父母送他到村里的小学上学,回家路上,虽然他知道到家又免不了父母的责骂,但是喜爱昆虫的他,口袋里总还是忍不住要揣几只虫子回家。虽然有着父母的不理解、同学的嘲笑,但是法布尔始终没有放弃对昆虫的喜爱。

我爱读《昆虫记》,也喜爱昆虫,也狂热地爱上了小动物。我就是班里的"小小法布尔"。

我常常流连于杂草丛生的田间地头,同几个志同道合的朋友,捉蚂蚱捉蚂蚁,忘了时间,忘了爸妈的叮嘱,忘了老师的要求;痴迷于众人害怕的蜥蜴,热衷于饲养它的研究,宝贝的冷暖我最了解,照顾它们比照顾我自己都上心……

一天，我饲养的壁虎一不留神爬进了桌子与墙壁的小缝隙之中，我怎么叫唤它，它都不肯出来。我心急如焚，想着万一妈妈回来见到这番情景，免不了又要骂我了。我抓耳挠腮，绞尽脑汁也一时想不出好办法。这时，我的脑海中又闪现出了法布尔，这次，他仿佛就在我的身边，鼓励我说："孩子，加油，不要气馁，我相信你一定会有办法的。"

我脑中灵光一现，可以用书中提到的"食物诱导法"啊！我马上去食盒里抓来几条面包虫放在缝隙口，并驱赶虫子们往前爬。见到食物的壁虎两眼放光地从缝隙中迅速爬出，迅速咬住了面包虫，大快朵颐起来。趁它在享受美味之时，我以迅雷不及掩耳之势把它抓到了饲养盒里。心中偷偷一乐，这都多亏法布尔的方法指引啊！（小作者的"食物诱导法"设计真巧妙，描写很生动。）

在学习中，每当我遇到难题想放弃时，脑中总会浮现出对昆虫研究永不放弃的法布尔，于是我也坚持一遍遍地思考，难题终于迎刃而解。

在《昆虫记》的影响下，我也明白了无论做什么事都必须要用严谨的态度去对待，不能有一点儿马虎；生活中也许会遇到有些人的质疑，但是只要自己够坚持、够努力，最终一定能让别人改变对自己的看法。我想做这样一个有"法布尔精神"的人，求真、求实，为了自己的目标勇敢向前！

点石成金

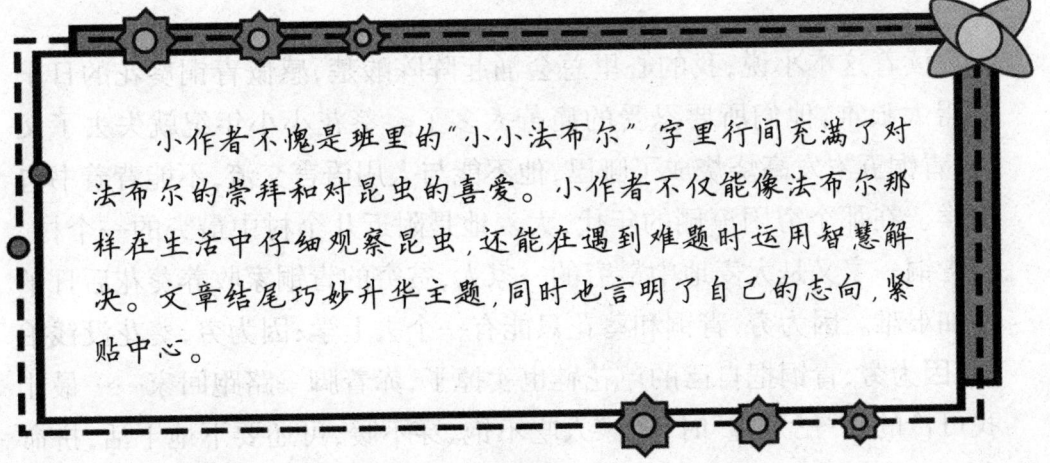

　　小作者不愧是班里的"小小法布尔"，字里行间充满了对法布尔的崇拜和对昆虫的喜爱。小作者不仅能像法布尔那样在生活中仔细观察昆虫，还能在遇到难题时运用智慧解决。文章结尾巧妙升华主题，同时也言明了自己的志向，紧贴中心。

苦难　坚强　幸福

——读《青铜葵花》有感

学校:海宁市庆云中心小学　作者:伍心宇　指导老师:陆利红

　　清晨,太阳将柔和的阳光洒向葵花田,千万朵葵花仰起了金色的笑脸,圆圆的脸盘映着满天朝霞。碧绿的叶子婆娑轻摇,花叶上的露珠晶莹闪烁。从葵花地的深处走来两个小人儿——青铜和葵花,他们是曹文轩纯美小说《青铜葵花》中的主人公。(描写细腻,开头吸引读者。)

　　这部小说是对苦难最深刻的诠释,然而这苦难却催人坚强,在这苦难中又无时不渗透出快乐与幸福。

苦　难

　　读着这本小说,我的心里总会涌起阵阵酸楚,感慨青铜葵花的日子过得太艰难,他们所要忍受的痛苦太多了。葵花小小年纪就失去了父母,青铜五岁发高烧烧成了哑巴,他不能与人用语言交流,不能背着书包上学。在那个穷困潦倒的年代,大麦地是附近几个村中最穷的一个村,而青铜一家又是大麦地中最穷的一家人,贫穷的青铜家收养葵花后日子更加艰难。因为穷,青铜和葵花只能有一个去上学;因为穷,葵花没钱拍照;因为穷,青铜把自己的芦花鞋也卖掉了,赤着脚一路跑回家……最让我可怜的是"三月蝗"时,全家人吃不饱、穿不暖,可还要下地干活,拼命攒钱。我为他们的苦难唏嘘不已。

坚 强

　　然而,苦难并没有把青铜葵花一家压垮,相反,苦难如一炉火,炼就了他们的勇气和毅力。看,苦难让葵花学会了克制欲望。对大麦地的孩子们来说,照相是一件让他们既渴望又感到有点奢侈的事情。懂事的葵花尽管内心十分渴望拍张照片,但是她却在其他同学热热闹闹照相时,悄悄地躲在一旁,为的是不让家里为她再花钱。瞧,苦难也在锻炼着青铜的意志。在大雪纷飞的寒冬,青铜到油麻镇去卖芦花鞋,为了多卖点钱以减轻家庭的负担,他竟然把自己脚上穿着的芦花鞋也卖了,赤脚踏着积雪走回了家,脚冻得通红。而一场场灾难让青铜和葵花蜕变得更加坚强、乐观,他们从容坚韧地应对着洪水、蝗灾等一切苦难。

幸 福

　　日子虽苦,然而,在苦难面前,他们内心始终充盈着满足和幸福。这不仅是因为在苦难面前他们心里都怀着希望,能够乐观地面对生活,而且还因为在苦难中他们相濡以沫,在生命的极限中表现出了动人的"爱"。为了让葵花上学,青铜放弃了自己的上学梦想;为了让葵花照一张相,青铜冒着严寒卖出了一百双芦花鞋,那最后一双还是自己脚上的;为了葵花晚上写作业时不用去别人家"借灯光",青铜捉来萤火虫做了十盏南瓜花灯;为了让葵花参加演出时戴一条漂亮的项链,青铜冒着风雪把冰凌敲碎,给葵花做了一条"冰项链";年迈的奶奶以走亲为由,去摘棉花,其实是为给青铜葵花做棉袄,最终一病不起;水灾、蝗灾、寒冷、饥饿,青铜一家默默地承受着,却不让葵花受苦;为给奶奶治病,葵花瞒着家人到油菜田边摘银杏卖钱;葵花十一岁那年,她竟然想退学,为家里减轻负担,并在寒假外出打工挣钱……正是这深沉而真挚的爱,让他们觉得生活再苦也是那么甜蜜幸福。

沉 思

　　掩卷沉思,在苦难中成长对一个人来说并不是一件坏事,只要我们正视苦难,并经受得住苦难的磨炼,就会锻炼成一个坚韧不拔的人,更能懂得去珍惜爱护身边的人,体验到生活的幸福。(苦难与幸福是相伴的,对比感悟更有说服力。)我们是在党的阳光下幸福成长的一代,都是家长的心肝宝贝:家长们捧在手里怕掉了,含在嘴里怕化了。我们从小就娇生惯养,只知道获得父母长辈的爱,而不懂得去回报他们,很少给父母长辈做力所能及的事情。即使生活是那样幸福,我们也从来不觉得自己有多么幸福。相反,遇到一点困难和挫折就叫苦连天。记得那一次,我学骑自行车。在爸爸突然放手的时候,我由于内心慌乱,没骑出几步远,自行车就像喝醉酒的人,跌跌撞撞地左右摇摆,还扭起了"8"字舞。随即我一个嘴啃泥摔在了地上,裤管上都是泥。当时我气冲冲地从地上爬了起来,把自行车甩在了一旁。(细节描写生动,把骑行慌乱的状态写得真实具体。)此后,我再也没有碰过自行车了。如今想想,我真的是羞愧难当。

　　读了这本书,我知道了:体会苦难,才能学会坚强,才能懂得爱,才能尝到甜蜜。有时候,苦难也是一种幸福。青铜和葵花就享受着这种幸福!

点石成金

　　三种不同的感受在文本阅读的字里行间呈现出来，看得出小作者很用心地阅读了这本书，对每一个有感触的片段介绍得都非常细致具体。在结合自己的生活时能抓住一件小事、一个细节展开描写，将读书感受与生活经历较好地联系在了一起。

财富就像海水，你喝得越多，你就越感到渴。

——〔德国〕叔本华

爱,让世界更美丽
——读《星宿海上的野牦牛》有感

学校:桐乡市实验小学教育集团凤鸣小学　作者:张　希　指导老师:高娟萍

看啊,上一任的野牦牛倒下了,新一任的又站起来了。它们用还没长全的脚冲向敌人,迈着跌跌撞撞的步子,一路向前。听啊,它们一声声沙哑的长啸,述说着星宿海上的奇迹。

——题记

这天,我百无聊赖地翻着书,忽然被《星宿海上的野牦牛》这个书名吸引住了,星宿海上的野牦牛与平常的牦牛有什么区别吗? 它们又有着什么样的光辉事迹呢? 我带着几个问号开始了我的漫漫读书路。(用连续的疑问引出下文,让读者对下文充满了期待。)

主人公黑子在妈妈生下小黑后就变成了弃子。自己的家,近在咫尺,却不能回,还不到一岁的小牦牛得不到任何温暖,除了一只曾经英勇的老牦牛。下雨时,老牦牛用铁角为黑子挡雨,雨停了,便各做各的事。有时黑子也会惹铁角生气,铁角年少时,曾因一次失误而使得不少牦牛落入狼群之腹,自己也落下残疾,也因此对生活失去了希望。黑子在铁角的照顾下渐渐长大,拥有了不少朋友。一次玩耍中,朋友灰毛不幸陷进沼泽,黑子前去营救却无能为力。这时铁角进入沼泽前去救援,铁角记起年少时期的往事,拼尽全身力气,奋力救起黑子和伙伴。在冬日野

狼出没的时期,黑子和伙伴与铁角默契合作,轰轰烈烈地与野狼激战了一场,骄傲的咆哮回荡在星宿海,它们是星宿海最辉煌的守望者。(小作者把野牦牛称为星宿海的守望者,形象而贴切,让读者对野牦牛油然而生一股敬佩之情。)

铁角对黑子无微不至的关心令我深有感触,而它不顾生命危险救黑子的行为更是让我眼眶湿润。还记得那天晴空万里,我独自一人前往公园散步。快到公园的时候,老天突然变了脸,阴沉沉的,还没走上两步就下起了雨。黄豆大的雨点,从我的脸颊滑落,滴滴答答地落在地上,像一群调皮的小精灵,唱着动听的歌。我急急忙忙地躲到附近的屋檐下,心想:这可糟糕透了,怎么回家啊? 我焦急地跺着脚,眼睁睁地看着雨越下越大,我却无能为力。(雨点儿的自由欢快和小作者的焦虑忧伤形成了鲜明的对比,为下文故事的发展巧妙地埋下了伏笔。)突然,屋子里走出一个六七十岁的老奶奶,她慈祥地说:“小姑娘,你是不是想回家啊?”我把头垂得低低的,没吭声。过了一会儿,我轻轻地点了点头。老奶奶在包里东翻西找,摸出一把伞来说:“下次出门前要看天气预报,今天我送你回家吧,你的亲人该急了。”我抬头望着老奶奶,眼睛里闪着泪光:“谢谢您,真的没关系,再等一会儿雨就过了。”“嗨,你跟我客气什么呀,这雨下得都能把人淹了,我怎么能放心!”说着老奶奶拉起我的手,一会儿问我住哪,一会儿又问我有没有哪里不舒服。她总是笑着问我,让我感到温暖。多少次汽车开过,脏水调皮地跑上老奶奶洁白的衬衫;多少次有伞往我那边移,老奶奶花白的头发上满是雨水,我不知道有多惭愧,又有多感动。十几分钟后到了家。我笑着邀请老奶奶上去喝茶。可她却摆摆手,匆匆地走了。我愣住了,望着老奶奶并不高大的身影,一层薄雾遮住了我的眼。

有了爱,就有了一切。爱,让世界更美丽。

点石成金

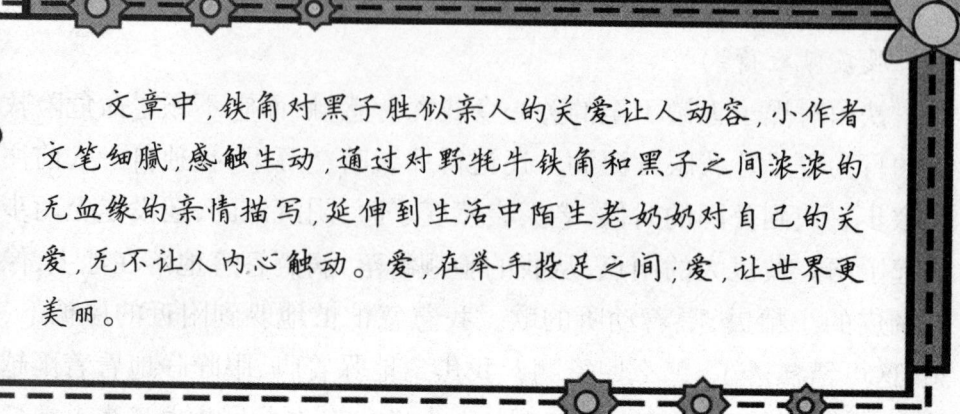

　　文章中,铁角对黑子胜似亲人的关爱让人动容,小作者文笔细腻,感触生动,通过对野牦牛铁角和黑子之间浓浓的无血缘的亲情描写,延伸到生活中陌生老奶奶对自己的关爱,无不让人内心触动。爱,在举手投足之间;爱,让世界更美丽。

心灵
小站

　　为别人做好事要闭口不谈,受惠于他人则要挂在嘴上。

——〔古罗马〕塞涅卡

爱是陪伴，爱是守护

——读《那年深夏》有感

学校：嘉兴市实验小学东校区　作者：徐书妍　指导老师：叶　云

夏日蝉鸣声声的午后，我读完了美国作家史蒂夫·克卢格的小说《那年深夏》，心中盘桓已久的问题再次袭来：爱，到底是什么？

这是一部获得美国图书馆协会"亚历克斯奖"的作品，也被收录进了长青藤国际大奖小说书系。翻动书页，一眼就能发现它的与众不同，眼前出现的是一封封信件、一张张新闻剪报、一份份诊疗记录单、棒球比赛比分表、成绩单、邀请函……读着这些东西，仿佛是撞开了一个封存多年的"宝盒"——那是一个男孩的珍贵记忆！二战时期的乔伊是一个十二岁的小犹太人，父母离异，跟着母亲和卡丽阿姨一起在纽约布鲁克林生活。他行为大胆乖张，却十分孤独，受尽欺侮。他渴望友情，渴望关爱和守护。幸好，他遇见了日裔美国孩子中村克雷，也得到了纽约巨人队的棒球明星查理·班克斯的关注，明星海柔、医师韦斯顿、白宫新闻秘书史蒂芬等人也纷纷出现在乔伊的生命中。他们之间发生的一系列故事幽默、爆笑、苦涩、暖心……目光一遍遍穿行在文字中，我渐渐品出悠长滋味。

情的共鸣：童年里那些快乐与迷惘

也许，我喜爱这本书的最初原因是一种"感同身受"。乍一看，我和

029

乔伊的童年生活真是八竿子都打不着。再一读,却读出了那么多的相似。

犹太孩子在二战时期并不讨人喜欢,乔伊的爸爸也早早地抛弃了他和母亲。他往蓄水池里撒尿,被关进感化院;他被邻居家的孩子打得鼻青脸肿,却一声不吭;他九岁就开始和白宫通信,竟然还常常能收到回信;他一次又一次地给棒球明星查理写信,找各种理由让查理关注他……这样的童年,荒诞不经可又那么自由自在,可以任性妄为,可以恣意放纵。我们的小时候,大概也是这样的吧!想哭就哭,想笑就笑,把家里弄得乱七八糟,或者在公园里疯狂奔跑,反正啥也不懂,没有人来苛责。可渐渐地,我们长大了,一言一行都要遵从规范,每时每刻都要好好珍惜。妈妈总是在我耳边唠叨,时间太宝贵了,要学习再学习,千万不能虚度光阴!读到乔伊的故事,我的心底泛起淡淡忧伤,多想再回到小时候。

中村克雷可以算是乔伊唯一的同龄朋友了,他俩总是以"青蜂侠""影子侠"相称,传递的字条妙趣横生,这样的友谊也令人羡慕。可是,战争开始了,日裔美国人受到了拘留,中村也不得不离开了乔伊。是呀,在我们的人生中,又有多少机缘能遇上一个知己,好不容易遇上了一个一拍即合的人,却因为种种原因要分离,这岂不是太遗憾了。(乔伊和中村的友谊让人感同身受,阅读就要联系自己的生活,磨合出情感共鸣。)我想起了她。小时候,我们住在一个小区,一起旅游,一起吃饭,更不用说一起玩耍了。仅隔一两个月的年龄差异使我比她早上一年学,而我家也搬到了学校附近。地理位置的分隔与繁重的学业使我们不再碰面,我有了新伙伴,她也有了新知己。今年的一次聚会中,我们见到彼此,她长高了,我也长高了,我们却已好像陌生人一样。在大人的描述中,我才想起了曾经拉着她玩,不让她回家的欢乐时光。童年,似乎就这么一去不复返了——有喜有忧,有笑有泪。

爱的感怀：生命中那些陪伴与守护

　　不幸的乔伊执着地写信给他的偶像——棒球明星查理，谎称生病、捉弄挖苦、尽情说笑……各种办法都用绝了，最终如愿让查理成了他的朋友。查理代替乔伊的父亲参加他的成年礼，在乔伊被人欺负的时候替他出头，让乔伊在棒球场上做球童……这样的陪伴和守护对乔伊来说又是何等幸运啊！记得小时候，妈妈给我讲过《白雪公主》的故事，那时我就想：如果我身边也有一位王子保护我就好了；长大一点后，我看了《哈利·波特》，又希望我身旁有一个会魔法的哈利；后来，我读完《西游记》，时常会幻想孙猴子在我头顶上方腾云驾雾，护送着我。然而，这些都不可能成为现实，陪在我身旁的除了父母，还是父母。

　　有时，我真厌烦父母事无巨细的絮絮叨叨。但是，当我读完查理和乔伊1942年的故事后，我却悟到了爱的真谛。曾经那个脾气火暴、快人快语的三垒手毅然参了军，成了一名二等兵。虽然又回到了彼此通信的状态，但查理早已走进乔伊的生命，成为"年度模范爸爸"，并担当起父亲的责任。他们虽然不是血脉亲人，却有着比亲人更浓的情感。查理殉国，故事也达到了高潮。乔伊读了查理留下的信，在他的感化下，最终成为一名作家。谁能说乔伊的成长不是查理的功劳呢！记得查理的信中说"长大成人必须历经千辛万苦"，是亲人般的陪伴与守护把这些辛苦都变成了坚忍与毅力。我们都渴望拥有一个生命中的英雄，在自己困倦迷茫的时候能够助自己一臂之力。（*万千思绪，凝结成一串记忆的珍珠，生命中的英雄就在身边！*）但或许，我们已经拥有。对，是那个在没有空调的厨房里连烧四个菜的老爸，是那个在奥数题做不出时帮我一把的老爸；是那个开着车穿过大半个城送我上兴趣班的老妈，是那个深夜里为我一次又一次盖被的老妈……他们时时刻刻陪伴着我，守护着我，做我的路牌、灯塔，却被我轻易地忽略了。像查理这样的英雄，我们每个人身边都有啊！

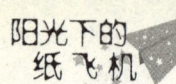
　　读着《那年深夏》，我明白了：爱，是永远有人支持你；爱，是给予你坚定的安全感；爱，也是肩并肩，彼此理解和成全！

点石成金

　　《那年深夏》，是一本极具儿童情怀的书籍。在这本书中，小作者找到了自己的童年，寻觅到了生活中无时无刻无处不在的英雄。这篇读后感，小作者把自己的阅读感受进行内化和梳理，从"情的共鸣"和"爱的感怀"两个方面把自己的阅读体验淋漓尽致地表达了出来。

没有伞，那就比别人更努力

——《不向命运屈服的科学巨星：霍金》读后感

学校:海盐县实验小学教育集团　作者:孙宇歆　指导老师:吴红联

　　坐在书桌前的我,刚为了英语作业和妈妈大吵了一架。不经意间,我瞟到了这本书——《不向命运屈服的科学巨星：霍金》。我走向书架,抽出它,再次打开书页,一页页读起来。

　　史蒂芬·威廉·霍金,《时间简史》的作者,十七岁就进入牛津大学,不幸在1963年被查出患有运动神经元症,医生判他只有两年生命的"死刑"。他也曾像得了绝症的人一样陷入消沉。但短暂迷失之后,他决定重新振作起来,好好用自己所剩无几的生命探索宇宙的秘密。在当时,宇宙学才刚刚起步,有许多未知的领域等待探索,就算是身体健康的科学家也不一定能在短时间内做出成绩,更何况是一个离死亡这么近的人呢!

　　霍金一旦下定决心,就会铆足劲去拼搏。他把所有时间用在观察并解读大部分人难以企及的宇宙。尽管身体每况愈下,他相继丧失了行走能力和语言功能,但他拒绝朋友帮忙,不想被当成残障人士,更不想向身体疾病投降。他说得最多的一句话是:我的身体已经残疾了,不容许心理也生病。最终,霍金凭着坚毅不屈的意志和过人的智慧,成了理论物理学界的领军人物。1974年,霍金宣布发现黑洞辐射,入选英国皇家学会,成为当时最年轻的成员。1988年,霍金出版了《时间简史》,在全球累

计发行超过一千万册。（从书本内容的陈述、提炼到感慨的抒发，层层递进，自然浑圆。）

是什么，让霍金能够比医生预判的生命时间多活了整整53年？是什么，使霍金身体上的任何变化，都无法浇灭他的研究热情？是什么，让霍金在53年时间里，创造了无边的奇迹和辉煌？是他那如铁人般的意志吧，是他真正重视所拥有的一切吧，是他知道没有伞，就比别人更努力吧！

被霍金对科学研究的热情所打动，我不由得想起，妈妈带我们一行四人去宁波聆听的尼克·胡哲"永不放弃"的万人演讲。没有四肢的他，骑马、打鼓、游泳、踢足球，样样皆能。座无虚席的现场，那震撼人心的话语再次回荡在我脑海："人生没有走不通的道路，只要你坚强地应对困难，永不放下！"尼克他也没有伞，但他比谁都努力，他成了一位励志演说家。

"东方维纳斯"雷庆瑶，又何尝不是如此。三岁时的一场厄运让她永远地失去了双臂。没有伞的雷庆瑶不服输，决心要把生命活成天籁：顶着烈日一天训练八小时游泳，用脚指头花45天时间写12万字的书，创造自己的护肤品牌"瑶之翼"……因为她知道，想要去改变自己的命运，只有比别人更努力。

这正如圣人所云："天将降大任于斯人也，必先苦其心志，劳其筋骨，饿其体肤，空乏其身……"于是，他们去迎接每一次挑战，去接受每一个考验，一次又一次，成功和失败如影相随，泪水和汗水交织体会，不是他们没有选择，只是他们选择了一条更难的路。没有伞的孩子，他们选择了努力奔跑。

我拥有健全的身体、幸福的家庭，却没有过人的才智。我也是没有伞却刚好碰到大雨的孩子。我很平凡，一如我的父母，平凡到这个世界几乎感觉不到我的存在。（从大师的成长到自身的经历，无不流露出自己对成长的感悟。）

我面对英语，就像霍金早年面对数学一样。我最怕的一张纸就是英语试卷。考一回英语，我就会心惊肉跳。老师发下试卷后，我都不忍直视那分数。经历数年来的考试，我发现了我的"分数定律"：试卷上只要有单词填空、把单词补充完整、默写单词，我的分数就永远高不了。我相信如果我咬紧牙关把单词背熟，没准还能得一百呢！因为从霍金、尼克、雷庆瑶的身上，我知道人们取得一定成绩并不是因为他们比别人优秀，他们比别人智商高，而是他们愿意比别人花更多的精力，进行无数次反复的练习。

……

合上书本，捡起被我扔在地上的英语书，我开始读起单词来，一遍又一遍……因为我明白：没有伞的孩子，就要比别人更加努力。努力不单是一种能力，更是一种态度。(首尾呼应的写法更好地写出了阅读对自己心灵成长、行为改进的重要意义。)

点石成金

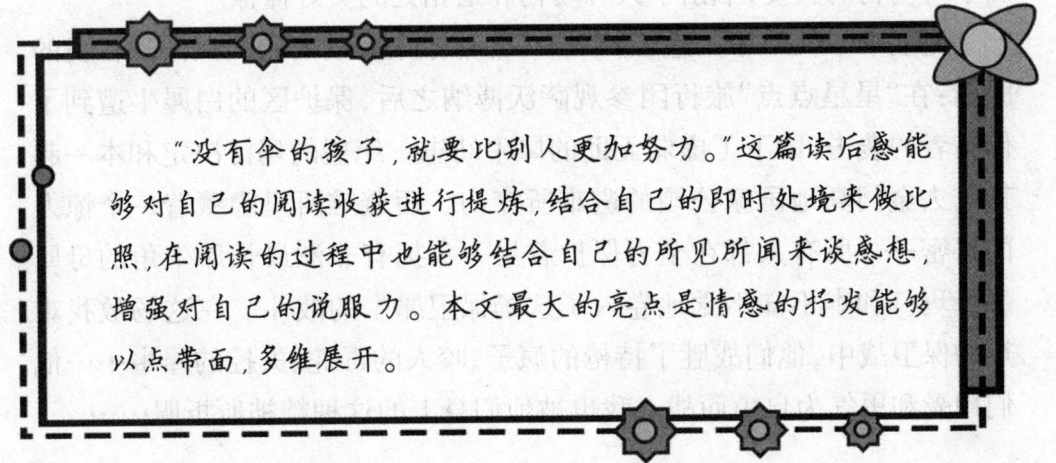

"没有伞的孩子，就要比别人更加努力。"这篇读后感能够对自己的阅读收获进行提炼，结合自己的即时处境来做比照，在阅读的过程中也能够结合自己的所见所闻来谈感想，增强对自己的说服力。本文最大的亮点是情感的抒发能够以点带面，多维展开。

爱，困境中的光明

——读《犀牛大逃亡》有感

学校:海盐县向阳小学　作者:赵　艺　指导老师:董雪梅

"塞伦盖蒂平原的早晨,狮子向旭日问好。花豹和跳羚在做梦,猎豹已然在奔跑……"一曲《自由颂》仿佛还回荡在耳边。这是书中的"逃之夭夭"乐队为所有野生动物而作的一首曲子,它唱出了对动物的同情,唱出了对动物的关爱,唱出了人和动物和谐相处的美好憧憬。

掩上书本,《犀牛大逃亡》中那一幕幕令人感动的画面又浮现在我的眼前:在"星星点点"旅行团参观萨沃博纳之后,保护区的白犀牛遭到了偷猎者的袭击,留下了虚弱无助的犀牛幼崽。绝望的玛汀决定和本一起带它去金门高地国家公园的避难所疗伤。而避难所里隐藏着一个惊人的秘密——所有人都在全力保护着另一头拥有非洲最长犀牛角的母犀牛。玛汀和本不知不觉地卷入了这场保卫犀牛的战斗。在这场敌我难辨的保卫战中,他们战胜了持枪的疯子、咬人的毒蛇、失控的犀牛……他们用爱和勇气为自由而战。我也被他们身上的这种精神所折服……

因爱而坚强

生活就像海洋,只有意志坚强的人,才能到达彼岸。

——马克思

（畅谈感想的站位很高,能够以名人名言作为引子,结合文本内容深入挖掘其内涵。）

书中的主人公玛汀和本都是喜爱动物之人,他们在萨沃博纳野生动物保护区与长颈鹿杰米为伴,与小马夏洛为伍,与白犀牛一家为邻,每天享受着快乐充实的生活。可当白犀牛一家遭到偷猎者捕杀,母犀牛的犀角被斧子活生生地砍掉而倒在血泊中时,玛汀的愤怒似森林之火蔓延开去。可她并没有被愤怒冲昏头脑,这爱反而让她变得更加坚强。玛汀投身于安抚母犀牛的疼痛,投身于照顾犀牛幼崽,投身于追击偷猎真凶中去……是的,面对命运的坎坷,她没有消极,没有放弃,反而因爱而变得坚强。

这让我想起了断臂钢琴家刘伟,那个曾在《中国达人秀》中用脚演奏的坚强青年。十岁时因意外失去双臂的他,没有放弃,没有绝望,拾起信心,重新做回了自己。对钢琴的喜爱,对音乐的热爱,对生活的憧憬,让他坚强地笑对人生。这让我想到了自己,想起了那次学骑自行车的经历。

记得那时,我刚上小学,每次看到大哥哥、大姐姐骑着自行车去上学,别提有多羡慕了。于是,我下定决心:要学会骑自行车。

打那以后,我只要一有空就缠着爸爸教我骑自行车。第一次接触自行车时,我十分害怕,心怦怦直跳,手心里也不断地冒着冷汗。在爸爸的鼓励下,我还是勇敢地骑了起来。可能是因为太紧张吧,自行车的龙头总是不听我使唤:我想往左,它却往右;我想骑直线,它却不停地绕"S"形……好几次都差点儿撞到墙上去。在一次练习中,我主动提出自己独立骑行的想法,这也得到了爸爸的支持。可不幸的事情还是发生了:自行车龙头再次失去了控制,一个劲儿地向右偏去,直愣愣地冲向了我们家的汽车。我似乎也慌了神,忘记还有刹车这回事了。结果可想而知,自行车撞上车门后倒了,我也跟着摔倒在地,一股钻心的疼痛向我的膝盖袭来。原来,我的两个膝盖都擦破了,还有少许鲜血往外渗着。看到这一幕,爸爸也心疼极了,赶忙扶起我,关切地问:"要不要紧?能站起来吗？要不先回家消个毒吧！"我看着受伤的膝盖，却心有不甘："前面不是骑得挺好的吗？怎么一下子就不听话了呢？不行，我还要练！"

我拒绝了爸爸的提议，再次跨上自行车。虽然膝盖上的疼痛让我倒吸了几口凉气，但我还是咬牙坚持着。看到我这样，爸爸露出了欣慰的笑容："只有意志坚强的人，困难才会向他低头。"

可能也正因为我的这份坚持，这份对学骑自行车的狂热追求，在不到三天的时间里，我就掌握了骑行的技巧，也体会到了两个轮子并行的乐趣。

因爱而坚强，正是玛汀对犀牛的爱，正是刘伟对钢琴的爱，正是我对骑自行车的爱，促使我们变得坚强。

因爱而勇敢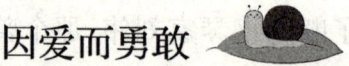

勇敢里面有天才、力量和魔法。

——歌　德

犀牛作为国家稀有动物之一，也是国家级保护动物。由于犀牛角常被用作中药材和雕刻的重要原料，因此，它常常遭到偷猎者的猎杀。那头拥有非洲最长犀牛角的犀牛哈尼，就成了偷猎者们的目标。为了帮助哈尼逃脱不法分子的魔爪，玛汀和小伙伴们一起与偷猎者机智周旋，虽然经历了枪林弹雨，经历了洞穴栖息，经历了乔装打扮，经历了毒蛇袭击……但他们没有放弃，勇敢地将一个个难关闯过去。我想：这都源于他们对犀牛、对野生动物们的爱吧！这份爱让他们变得勇敢、无畏；这份爱让他们变得更有力量，更有智慧，甚至拥有魔力。

是啊，就像歌德说的那样："勇敢里面有天才、力量和魔法。"我反复地咀嚼着歌德的这句话，思绪一下子回到了二年级的那个暑假。记得那一天，我起床后肚子饿得慌，就去求助妈妈，想着平时起床都比我早的妈妈，今天怎么还在被窝里睡懒觉呢！原来妈妈昨晚发烧了，现在还是有

气无力的。看来,我的早饭没着落了。想想我生病时,妈妈总是无微不至地照顾我,整夜整夜地陪着我,让我早早康复,今天该轮到我来照顾妈妈了。这时,我又想到了还没有着落的早饭,吃什么好呢? 要不,小笼包? 想到小笼包,它那热气腾腾的样子仿佛出现在了我的眼前,薄薄的外皮,鲜美的肉馅,轻轻咬上一口,香甜美味的汁水就会溢满整个口腔……我想:妈妈吃上这样的早饭,病肯定也会好得快吧! 可再一想:平时都是爸爸妈妈给我买好的,我还没有独自一人下楼买过,我行吗? 再看看床上妈妈苍白的脸,我默默地告诉自己:"我也该为妈妈做点什么了。人总有第一次,为了妈妈,也为了自己,我要勇敢地踏出这第一步。"在得到妈妈的允许后,我有了第一次购买早饭的经历。这一路,我有担心,有忐忑,甚至还有害怕,可最终爱战胜了一切,勇敢战胜了一切。

的确,爱的力量是无穷的,它能给人带来勇气,让勇敢战胜一切。

有一种爱叫坚强,有一种爱叫勇敢。玛汀和她的小伙伴们,正是有了这份爱,才不顾一切拯救犀牛,打败偷猎者。他们的坚强,他们的勇敢,都和他们爱野生动物的心分不开。他们的这些精神,就像一颗种子,在我心中生根发芽……

点石成金

有一种情感叫共鸣!《犀牛大逃亡》这本书在写动物,更是小作者现实生活的映照。读着书中的文字,小作者遇见了自己,这本书简直就是一面明镜。写读后感就要以阅读为起点,以生活为原点,在文字和思想的境地中开辟另一片蓝天。

坚持初衷，做最棒的自己
——《从不被盛名宠坏：坚毅女神居里夫人自传》读后感

学校：海宁市实验小学　作者：黄金典　指导老师：王耀美

　　她，是历史上第一个获得诺贝尔奖的女性；她，是第一个获得物理学和化学两项诺贝尔奖的伟大女科学家。她用自己的心血与汗水开创了放射性理论，发明了分离放射性同位素的技术，发现了两种新元素钋和镭。在她的指导下，人们第一次将放射性同位素用于治疗癌症。可是，作为坚毅女神的她却经历了无数的困难。

　　她，就是举世闻名的女科学家、物理学家、化学家，世称"居里夫人"。

　　有一本居里夫人的自传《从不被盛名宠坏：坚毅女神居里夫人自传》，它主要讲了：居里夫人的伴侣因为车祸而逝世，居里夫人为了自己的孩子们，努力地一步一步地走出苦海。居里夫人从普通女人"一跃"成为全世界女性的励志典范，其伟大的人生目标、坚毅不屈的精神，鼓舞了一代又一代的人。

　　居里夫人的一生，提炼成让我记忆深刻的一个词语就是：坚毅。（下文结合"坚毅"一词来谈生活中的自己，开展了一次真切的自我批评。如果能够表表自己的决心会更好。）

　　这个词语使我想到了小时候学舞蹈的经历。我自身条件不足，柔韧性不好，妈妈经常问我："你舞蹈还要学吗？回家你不练，自身条件也不好，要不还是算了吧？"我知道妈妈的意思：如果没有天赋，那就不必学

了，只会浪费时间。我开始觉得妈妈说的并不是没有道理，可是我不想放弃。我本以为自己能坚持下来，但看到别人跳得比自己好，柔韧性也比自己好，我就不由自主地想放弃，所以舞蹈并没有坚持下来。而居里夫人呢？她在实验室中做实验失败后，一次又一次地"爬"起来……

居里夫人不但坚毅，而且还从不被盛名宠坏。可想而知："坚毅女神"这个称号可不是白得的。

爱因斯坦曾评价道："在所有世界著名人物中，玛丽·居里是唯一没有被盛名宠坏的人，面对荣誉没有骄傲自满，不仅有思想上的智慧，还有内心中真正的智慧。"当她获得诺贝尔奖时，并没有骄傲，反而淡定、谦虚地生活。

在居里夫人获得诺贝尔化学奖的三年后，一战爆发，她指导十八个战地医疗服务队，用X光配合战地救护，四年中竭尽所能，风雨无阻。当战争结束后，居里夫人又回到了实验室里，继续为她的科学梦奋斗。多年前，她立志成为一名在某方面有杰出成就的女性，当她年迈时，又亲眼见证了自己的女儿接下她的科研重任，最后成绩出色。

财富和荣誉都不是居里夫人的初心。在这喧嚣的世界里，无论你的梦想之路多么坎坷，只要以心为灯，就不会迷失方向、丢失初心。（能够以居里夫人"不忘初心"来对上文进行小结，如果能够简单结合自己的生活实际会更好。）

"要相信你到这个世界上来是有目的的。是为了造就自己，是为了帮助别人，是扮演一个别人替代不了的角色……只有当你意识到自己要在世界上完成一件事、扮演一个角色、必须自立时，你才能有所作为，生活因此具有了崭新的意义。你说是这样吗？我的女儿。"这是居里夫人写给自己的女儿的信，信中充分地体现了居里夫人有着无私奉献、坚韧不屈、忠于科学的高尚品德。

世界上只有一个居里夫人，不可能会出现第二个与她一模一样的人才。一个人也不可能是十全十美的，但是只要坚持初衷，就能做最棒的自己。

点石成金

　　小学生读一点名人自传对自身的成长是非常有利的。这篇习作敏锐地捕捉到了居里夫人个性中最有魅力的两个关键词，结合自己的经历进行比照，既是对自己行为的反思，也是对今后学习生活的鞭策。

　　天生的能力必须借助于系统的知识。只有天才和科学结了婚才能得到最好的结果。

　　　　　　　　　　　　　　——〔英国〕斯宾塞

战胜困难　收获成长

——《鲁滨孙漂流记》读后感

学校:海宁市紫微小学　作者:叶啸尘　指导老师:殷张萍

　　暑假阅读的书里,我最喜欢的小说就要数《鲁滨孙漂流记》了。这本书十分有趣,充满了惊险和刺激,也包含了十分深刻的道理,十分值得一看。

　　这本书主要讲了鲁滨孙在青年时代不安于平庸的小康生活,到海外经商,被海盗掳去做了几年奴隶。后来,他逃往巴西,成了种植园主,到非洲购买奴隶途中遇上风暴,漂流到南美洲附近的无人荒岛。在岛上,他遇到了种种困难,但他依靠智慧和劳动制造工具,猎取食物,修建住所,种植谷类,驯养山羊,改善了生存环境。

　　鲁滨孙的冒险经历令人啧啧称奇,他的决心和意志,还有出类拔萃的野外生存技能都是我们所没有的。鲁滨孙被海盗俘获时,并没有绝望,而是时刻寻找逃走的机会。在一次出海的途中,鲁滨孙找借口拿了许多装备乘船逃离。流落孤岛时,他也不曾绝望,而是努力地想尽办法去生存。鲁滨孙面对挫折与困难时,信念坚定、勇于挑战、百折不挠的毅力,令我钦佩。我们的生活中也会遇到各种各样的困难,我们也要迎难而上。(鲁滨孙漂流的经历给不同境遇的人可能会带来不同的人生启迪,而小作者却选择了战胜困难作为落笔点。)

　　战胜困难才会收获快乐。"睿达杯"比赛准备期间,一个半月的时间

内,我每天都要完成大量的奥数题,几乎天天都要做到十点多。好几次,我都觉得自己快坚持不下去了。可鲁滨孙出现在我的脑海,我所面对的困难和他面对的苦难相比,又算得了什么呢?他可以做到,我为什么不能?于是每当累了的时候,我就站起来放松一下,或者擦把脸让自己清醒一些,然后静下心来继续奋战。遇到难题,我就反复验算、求证,实在想不出了,再向爸爸求教。就这样,我一题题练,一天天坚持,终于迎来了初赛。赛后接到入围通知的那一刻,我激动地跳了起来,那段时间的痛苦与煎熬换来了今天无比的幸福。我付出了自己的汗水,得到了收获的快乐。

战胜困难才会突破自己。最近几天恰好是军训,教官教我们唱军歌。刚开始,我们的歌声并不响亮,于是教官就把音响搬了过来说:"你们的声音要是能压过它才怪。"我们都哈哈哈笑了好一阵子,八十多号人的声音还愁压不过一个音响?可是这音响虽看起来不中用,但声音可大着呢,我们怎么都超不过,看来没法完成这个任务了。但就这样认输吗?不行!大家相互鼓励:教练给我们提出的要求一定在我们的能力范围之内,只要努力唱,就一定能做到!我们决不能败下阵来,拼了!第一遍唱时,尽管我们唱得很响,但离压过音响的声音还远着呢。这对我们来说无疑是个极大的考验。第二遍,第三遍,第四遍……我们竭尽全力,吼得面红耳赤,气喘吁吁,终于突破了自己,直到教官说"好,可以休息了"。我们激动得一蹦三尺高。这种克服困难挑战不可能的感觉真棒!
(层层递进的论述,让人感觉到了小作者战胜困难的决心,从而也看出该书对小作者帮助很大。)

鲁滨孙的经历,教会了我们身处困境时应该具有战胜困难的勇气与力量。困难在生活中无处不在,只有凭着坚定的信念积极应对,勇往直前,我们才能够品尝到挑战困难的乐趣,在磨炼中不断成长。

点石成金

《鲁滨孙漂流记》这本书是青少年的励志读本，书中的主人公鲁滨孙是深受广大青少年崇拜的一个人物。小作者的这篇读后感结合自己的生活实际，以战胜困难为情感的源头，把战胜困难给自己带来的幸福感由浅入深地写了出来。

要冒一次险！整个生命就是一场冒险。走得最远的人，常是愿意去做，并愿意去冒险的人。

——〔美国〕卡耐基

追梦去远航

——读《不向命运屈服的科学巨星:霍金》有感

学校:嘉兴市辅成教育集团辅成小学　作者:穆　炯　指导老师:陈雪芳

　　2018年3月14日,一颗耀眼的巨星划过了美丽的天空。他真的陨落了吗? 不,只要星空依旧灿烂,他就永远是我心中最亮的一颗。

　　《不向命运屈服的科学巨星:霍金》,刚开始看到题目时,我就被深深地吸引了。霍金,黑洞,似乎我对他的了解就此止步,然而不断阅读此书后,我又被他的人格魅力所震撼。在正值青春年少的大好时光,命运跟他开了一个可怕的玩笑——他被诊断出得了渐冻症,医生对他宣判只能再活两年。即便如此,这也没有浇灭霍金对黑洞研究的热情。而《时间简史》的成功出版,更是将他人生的梦想推向了另一个高峰。

　　有梦就要去追,也许只有这样才不会让自己的人生留下遗憾。饭桌闲语间,爸爸曾问我:长大了想做什么? 我不假思索地说:"想当作家!"爸爸听了,瞪大了眼睛,脱口而出:"你,能行吗?"我没有再回答,那时,我确实有些胆怯了,我是不是在说大话呢? 我开始对自己不自信,但今天当我读到这本书时,我心中的梦想又重新被点燃了。(餐桌上的闲言碎语激发起了自己对人生的思索,是阅读给予了小作者力量!)霍金虽然克服不了身体上的缺陷,但却能让自己的梦想在无边无际的宇宙中翱翔。而我,如果连爸爸这样一句质疑的话都经不起,我又怎么能实现自己的梦想呢?

孟子云："天将降大任于斯人也,必先苦其心志,劳其筋骨。"司马迁为了完成历史巨作《史记》,硬是在牢中忍受了常人不能忍的酷刑,可谓忍辱负重;"字字看来皆是血,十年辛苦不寻常",曹雪芹十年如一日,就为写成《红楼梦》,可谓呕心沥血;陆游直到弥留之际,仍念念不忘收复中原、统一祖国,于是便有了"家祭无忘告乃翁",可谓赤胆忠心⋯⋯这些成大事者,若不是心中有了坚定的梦想,他们能这般忍辱负重、呕心沥血、赤胆忠心吗?我终于豁然开朗:岁月长河,几多风雨,几多欢乐,只有坚守梦想、敢于付出的人,才能到达胜利的彼岸。(引经据典,增强了说服力,也使阅读感悟得到了升华。)

不畏世人的指指点点,只求内心的执着追求。追梦的过程中总会有太多的失落和痛苦,总会有太多的遗憾和不完美。但我已经做好了准备,即使只能做一只正在金字塔上爬行的蜗牛,我也要对自己说:"坚持就是胜利!"泰戈尔曾说过"生如夏花之绚烂",那就让我成为夏日里的那枝花吧!阳光越是炽热,我越要含笑迎接,我要将我一生的绚烂绽放于激情的夏日。就像妈妈曾语重心长对我说的:"轻而易举获得的东西,连你自己也不会在乎。"只有像那夏花一般接受了骄阳的考验,才能显现生命的本色。于是,我开始废寝忘食地读书,坚持强化经典诗文的"记忆操",每天将不一样的思考和感悟写进"生活日记"中,渐渐地,我感受到了文字的温度,它们会像小精灵一样走进我的内心深处,我也变得越来越自信⋯⋯

"长风破浪会有时,直挂云帆济沧海。"那就让我扬帆起航,去追寻心中的梦想吧!总有一天我会骄傲地对爸爸说:"你的儿子梦想成真了!"

点石成金

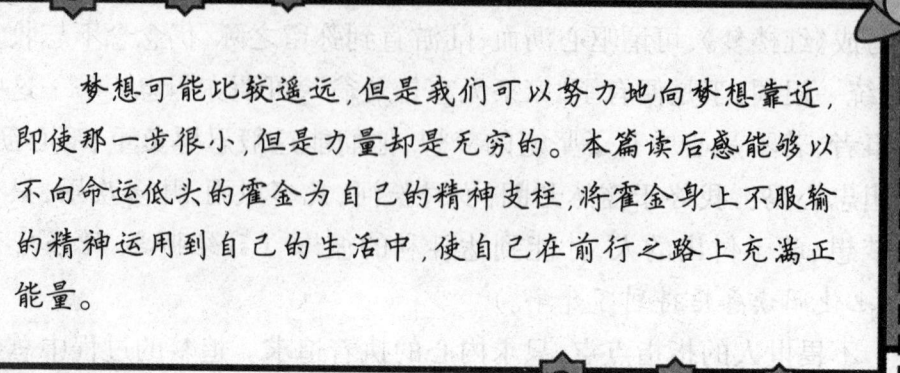

　　梦想可能比较遥远，但是我们可以努力地向梦想靠近，即使那一步很小，但是力量却是无穷的。本篇读后感能够以不向命运低头的霍金为自己的精神支柱，将霍金身上不服输的精神运用到自己的生活中，使自己在前行之路上充满正能量。

　　我们这些具有无限精神的有限的人，就是为痛苦和欢乐而生的，几乎可以这样说，最优秀的人物通过痛苦才得到快乐。

——〔德国〕贝多芬

风雨花
——读《三毛流浪记》有感

学校:嘉兴市塘汇实验学校　作者:莫雁婷　指导老师:张爱娟

　　"夜来风雨声,花落知多少。"暮春时节,多少的花儿,经过一夜的风吹雨打,枝残叶败,落英缤纷。可它在风雨交加的时候,傲然绽放。粉红色的小花,一团团,一簇簇,开得闹,开得欢,开得如此灿烂,开得沁人心脾。它是风雨花,爱在风雨天里开放的花儿,并不是太引人注目的花儿。阅读完《三毛流浪记》,我猛然间发现三毛就是一朵风雨花,倔强地挺立在风雨中,顽强地与风雨抗衡,昂首怒放属于他的生命之花。

　　三毛是个孤苦伶仃的孩子,没有人生的向导,没有衣食无忧的生活,没有父母的宠爱,四处流浪着,受尽了白眼。(连用三个"没有",写出了三毛的悲惨生活,同情之心油然而生。)为了生存,他当过学徒,捡过烟头,卖过报纸,拉过车,过着饥寒交迫的日子。有时候两三天都找不到东西充饥,饿得晕头转向,没有一件像样的衣服,只是用些破布头东凑西补。见到小弟弟落水,三毛见义勇为;见到小男孩遭人欺凌,三毛拔刀相助;见到小男孩干偷窃之事,三毛一人担起罪名。虽然身处黑暗的地方,但三毛的心没有被污染,依旧是善良的。当我读到"小羊有母羊疼爱,小鸡有母鸡照顾,小狗有母狗喂养,可自己却孤苦伶仃,没人疼爱"时,我简直说不出来是一种怎样的感觉,心酸、心疼、怜爱……百感交集。一个被世界遗弃的孩子,他的内心得有多坚强才能面对人生的苦难,更可贵的是

049

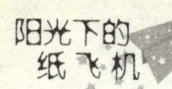

他从来没有失去善良的美德。可敬的风雨花,我向你致敬!

书的结尾,并没有说三毛今后何去何从,这让我陷入了无限的遐想。轻轻地闭上眼睛,我仿佛身临其境,我从心里感到三毛对社会的不服输。到底是什么力量使他没有自甘堕落?心里到底有多坚强才会没有怨天尤人地指责命运?我不知道,在父母远走高飞的情况下,三毛是怎样度过那些日日夜夜的。是的,就是他积极向上的态度。面对人生中无数的艰难险阻,想在旧时代发家致富,是一件比登天还难的事,更别说一个连十八岁都不到的孩子了。但是三毛,他捡烟头、擦皮鞋、卖报纸……心中始终对未来充满向往。从没听三毛说过累与苦,他在社会底层努力奋斗,嫉恶如仇。三毛的起跑线和很多人不一样,但他又能怎样?他没有在起点垂头丧气,而是去追赶,去变得优秀,始终没有悲观。(字里行间充满着对三毛的敬佩。三毛乐观地面对生活,令每个人都肃然起敬。)

也许是触景生情,这本书给我带来力量。上个学期,我一直处于"低谷期",考试怎么都考不好,同学失望与嘲笑的眼神,使我一度想罢学。最让我大受打击的是与"三好学生"失之交臂,老师批评了我,我沮丧又落寞地回到家,连作业也不想写了。拿起一本书翻着看,翻着翻着,我的眼睛越发明亮起来。合上书,我的嘴角涌起一股笑意,开始认认真真地完成作业,成绩也继续名列前茅。那本书,正是《三毛流浪记》。

风雨花,在春夏之际大雨过后盛开,不光鲜,却有别样的魅力;三毛,在困境中永不服输、积极向上的态度感染了无数人。我们面对困难,也绝对不能消极,一定要保持良好的心态。因为我们每个人,生来就是一个奇迹。

点石成金

《三毛流浪记》告诉我们,磨砺是人生的一笔不可或缺的财富。这篇读后感能够触景生情,把阅读的感受和身边的景物以及自己的境遇结合起来。文章多用排比的句式,读上去朗朗上口,有震撼力。

贪得者,身富而心贫;知足者,身贫而心富。
——〔中国〕洪应明

拨开迷雾，勇往直前！

——读《周恩来传》有感

学校:海盐县向阳小学　作者:沈　毅　指导老师:孙美花

　　高尔基曾经说过:"书籍是人类进步的阶梯。"书是一位知识渊博的老师,能带我们畅游世界,领略大自然的风光,了解大自然的奥秘,更能让我懂得许多人生哲理。

　　暑假里,我看了一本书——《周恩来传》,讲述的正是我们伟大的周总理的故事,我看后感触极深。1898年3月5日,周恩来诞生在江苏淮安城内驸马巷的一所住宅内。他的童年屡遭不幸,失去了养父后,两个养母先后病逝,但是他没有一蹶不振,而是更努力、更用心地生活着,从小就养成好习惯,认真做好每一件事。他在学校成绩优异,学校便减免了他的学费,他表演戏剧总是赢得同学们的喝彩。他也结识了许多好友,在他遇到困难时,帮助他摆脱困境。直到他靠自己的本事,当上了新中国的总理,他依然认真参加每次会议,每天都抓紧时间工作。他总觉得时间不够用,所以,他经常彻夜不眠,操劳国事。周总理被查出患有心脏病,不能长时间工作,可他依旧把大部分的时间和精力花在工作上。有一次,在去参加会议前晕倒了,醒来后急忙叫了一辆车赶去参加会议。就连在生命的最后阶段,患了癌症的周总理还在坚持工作。他去世后,骨灰被撒在了中国的四处,这位一心为国的老人,终于和祖国的大好河山融为一体了。

当我轻轻合上这本书后,思绪万千,全身血脉偾张。这样一位无私奉献、不畏辛劳、鞠躬尽瘁的总理,让我钦佩。俗话说:"金无足赤,人无完人。"但是周总理做事,就一定要做到自己非常满意为止,对自己要求特别高。他在遇到困难时,不惧艰险,持之以恒,凭借顽强的毅力和智慧,拨开迷雾见光明。(对周总理坎坷人生以及鞠躬尽瘁的叙述,引出了拨云见雾这个主题。)

古今中外,许多名人都是通过不懈努力而收获成功的。欧洲文艺复兴时期的著名画家达·芬奇,从小爱好绘画。父亲送他到当时意大利的名城佛罗伦萨,拜名画家佛罗基奥为师。老师要他从画蛋入手。他画了一个又一个,足足画了十多天。老师见他有些不耐烦了,便对他说:"不要以为画蛋容易,要知道,一千个蛋中从来没有两个是完全相同的;即使是同一个蛋,只要变换一下角度去看形状也就不同了,蛋的椭圆形轮廓就会有差异。所以,要在画纸上把它完美地表现出来,非得下番苦功不可。"从此,达·芬奇用心学习素描,经过长期勤奋艰苦的艺术实践,终于创作出许多不朽的名画,连许多著名的美术大师都赞叹不已。这正如歌德所说:"要有坚强的意志,卓越的能力,以及坚持要达到目标的恒心。"不努力,怎么会有大收获呢?

阿里巴巴主要创始人马云,对梦想从不放弃。他曾经想考重点中学,却失败了;考大学,更是考了三年才考上;想念哈佛大学,也没有成功。但是他面对失败没有半点退缩,反而比别人更进一步,以坚持不懈、勇往直前的精神,通过自己的努力拼搏,最终成功了。现在说起先锋人物马云,那是家喻户晓,谁不赞叹?谁不佩服?他脚踏实地,用自己的大胆创新践行了"宝剑锋从磨砺出,梅花香自苦寒来"的真谛。

如果说,成功是你梦寐以求的那朵红玫瑰,挫折正是那遍及周围的针刺,请不要停下你前行的脚步,以满腔的正能量顽强面对,你会在一路上收获经验,看到不一样的绚烂风景!(从中外名人的成才之路中汲取更大的精神财富,是对自身成长的引领。)

确实是这样的。"不经历风雨,怎么见彩虹?"对比生活中的我,是多么惭愧呀！一写作业就要东张西望，心思都不知道飞哪去了。勉勉强强写了一会儿，看到有题目不会做，不是去喝点水，就是去吃点东西，削削笔，找找橡皮，一直在磨时间。相比于周总理，他是那么敬业，管理国家大事几乎从不休息，时时刻刻都在拼命奋斗着，把所有的精力放在工作、学习上，为了全中国的人民而不懈努力着。是啊，只有全身心投入，只有迎难而上，才能获得成功啊！看了这本传记，我时刻都以周总理为榜样，每当我松懈、想要放弃时，周总理积极进取、顽强拼搏的精神就不断地激励着我，慢慢地帮助我改掉了在课堂上讲话、做小动作的坏毛病，我能集中精神听讲了，学习成绩也大大提高了。拨开迷雾见沧海，我自豪：我做到了！

巴尔扎克说过："挫折就像一块石头，对于弱者来说是绊脚石，让你却步不前；而对强者来说是垫脚石，使你站得更高。"自从读完了这本书，周总理的品格引领我不断成长，对我有很大的帮助和提升。我要向周恩来总理学习，像达·芬奇、马云一样，披荆斩棘，为了自己的目标而积极进取，勇往直前！

点石成金

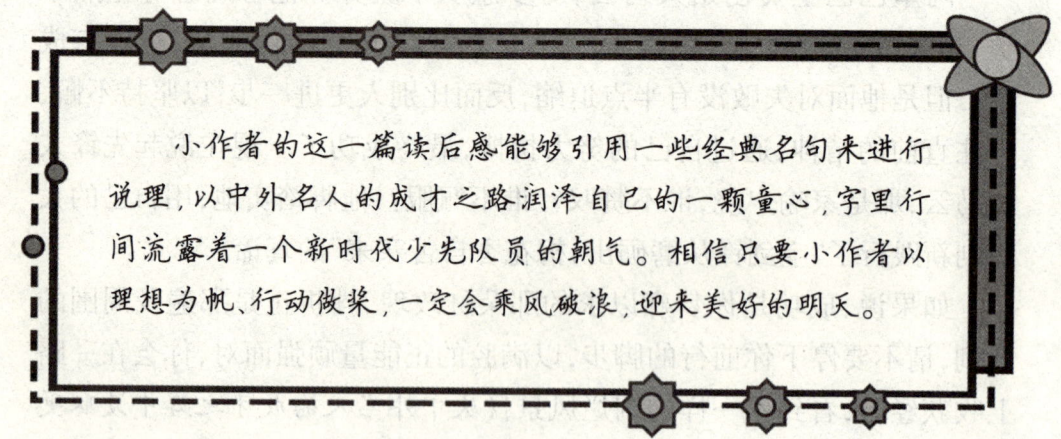

小作者的这一篇读后感能够引用一些经典名句来进行说理，以中外名人的成才之路润泽自己的一颗童心，字里行间流露着一个新时代少先队员的朝气。相信只要小作者以理想为帆、行动做桨，一定会乘风破浪，迎来美好的明天。

母爱是可以这样诠释的

——读《妈妈，我爱你》有感

学校：嘉兴市秀洲区梅里小学   作者：姚思羽   指导老师：李庆英

　　一开始看到"胡小闹日记"系列中的这本《妈妈，我爱你》时，我还以为是讲述胡小闹和他的伙伴们向妈妈致谢的故事。当打开这本书细细阅读后，我才知道里面讲述的是胡小闹他们报名参加了一个夏令营遇到的事。

　　胡小闹一行在夏令营的过程中结识了一对母女，女孩的名字叫小小，小小的爸爸在她四岁时就去世了，她妈妈好不容易把小小带到了九岁，结果小小又患了一种非常罕见的病症。小小的妈妈为治女儿的病，决定把自己的肝脏捐给小小，但医生检查发现她脂肪含量太高了，无法进行移植。于是小小的妈妈决定每天在路上"暴走"两小时。一个月后，她终于减肥成功了。这位母亲为了女儿做了太大的牺牲，是多么伟大呀！

　　掩卷沉思，我被小小的妈妈感动着，不禁也想起了自己的妈妈。我的妈妈也是那么爱我，她对我的付出是无私的，在我的学习上更是无微不至，为了让我全面发展，她让我学乒乓、学音乐、学英语、学美术……无论刮风还是下雨，无论寒冬还是酷暑，她都会照常接送我上下课。在我学习受挫时，她会安慰我："没关系，还有下一次。"在我取得好成绩时，她又不忘教诲我："成绩属于过去，继续加油！"当我犯错时，妈妈也会严厉地批评我，直到我认错并改正错误为止。(用排比的句式写出了妈妈对"我"无微不至的关怀，真的是可怜天下父母心。)妈妈，谢谢您，正因为有

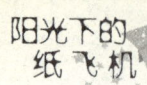

您的谆谆教导,我才会有优异成绩;正因为有您的持之以恒,我才会多才多艺;正因为有您的严厉,我才会明辨是非,健康成长。

妈妈为我们这个家付出了很多很多,白天在公司里工作,管理公司的各种事情;晚上回到家,又化身为家庭主妇,买菜烧饭搞卫生,一刻都不停。有时看她累得直不起腰,我说:"妈妈,您辛苦了,休息一会儿吧。"她总是笑笑说:"没事,我马上干完了。"妈妈,谢谢您,有了您的付出,我们家才窗明几净,每天能吃上可口的饭菜。妈妈还是一个非常孝顺的人,百忙之中她会抽出时间去看外公外婆和奶奶,买上美味的点心,送去温暖的问候。因为有妈妈,我们家是那么和谐,充满了温馨。

妈妈,我想对您说:妈妈,您儿子以前不懂事,时不时惹您生气,甚至觉得您为我和这个家的付出是理所当然的。现在我渐渐长大了,我懂了,您的爱是最无私而伟大的,我要用心去感受这份无私的爱。(儿子的真情表白,妈妈肯定听到了。感恩是人间最美的情感之一。)

"风中的风铃再次响起,似乎在奏响一首感恩之歌:感谢父母的唠叨,因为他们是为了让你少走弯路;感谢父母的鞭策,因为他们是为你清除前行的障碍;感谢父母的斥责,因为他们是为了助长你的智慧。"一首《感恩之歌》诠释了一份沉甸甸的父母之爱,让我们用生命去珍惜父母赋予我们的一切,用感恩之心去呵护这份易被我们忽略的爱。

点石成金

小作者的这篇习作很好地诠释了母爱的内涵。母亲的一次次叮咛和儿子的一次次叩问形成了极好的呼应,使我们感受到了母亲的良苦用心以及小作者对母亲的深深感激。相信母爱一定会成为小作者生命中永不褪色的一首流行歌。

老人与海的美

——读《老人与海》有感

学校:海宁市丁桥小学   作者:孙天乐   指导老师:唐周丽

　　他,是大海上搏击长空的雄鹰;他,是大海中乘风破浪的水手;他,是大海里孤身奋斗的勇士。他,有一个响亮的名字——圣地亚哥。听着那首《老人与海》,老人与海的情节依稀浮现眼前,岁月的帆渐行渐远,老人的帆却驶进了我的心扉。(不同的帆书写着两段不同的故事,小作者用对比的手法表达了对岁月催人成熟的无限感慨。)

　　老人与鲨鱼展开搏斗,最后回港时只剩下了鱼头、鱼尾和一条脊骨,这是一幕悲剧的结尾。一次原本的满载而归变成了一无所获,一位自信满满的老人被现实打击,我感到无限哀伤。

　　弹一曲《命运交响曲》,那是对悲剧之美的礼赞。《老人与海》中,圣地亚哥的信念是:"人不是为失败而生的。一个人可以被毁灭,但不能被打败。"可命运就跟他开了个大玩笑。圣地亚哥在回港后,只剩下了鱼头、鱼尾与鱼脊,他殊死搏斗的结果是"什么也没有"。我知道,老人看到的前途是茫茫一片空白,他感到的是冰天雪地的绝望与孤独。

　　如果说生命是一座庄严的城堡、一株苍茂的大树、一只飞翔的海鸟,那么,信念就是那穹顶的梁柱、深扎的树根、扇动的翅膀。没有信念,生命的动力便荡然无存;没有信念,生命的美丽便杳然西去。读一本《老人与海》,我明白了真理。

唱一首《英雄交响曲》。圣地亚哥无疑是一位英雄,有着崇高之美。他没有亲人的关怀,又被同行者嘲讽,连唯一陪伴他的男孩也被迫离开他,可圣地亚哥依然微笑面对,独自一人驶向了遥远的大海,去实现自己的梦想——捕鱼。面对着大马林鱼,他虽知道对方力量比自己强,但仍坚信"你是不可能逃走的",相信自己一定能够战胜这个庞然大物。海浪的品格,就是无数次被礁石击碎又无数次地扑向礁石;鲨鱼的品格,就是无数次地得不到猎物又无数次地追赶猎物;老人的品格,就是无数次被鲨鱼袭击又无数次地顽强拼搏。圣地亚哥的勇气、力量和尊严,震撼人心,催人奋进。(依据文本中的精彩内容发表自己的感想,非常接地气。海浪、鲨鱼、老人三者的品质催人奋进。)

海明威说:"一艘船越过世界的尽头,驶向未知的大海,船头上悬挂着一面虽然饱经风雨剥蚀却依旧艳丽无比的旗帜,旗帜上,舞动着云龙一般的四个字闪闪发光——超越极限!"是的,圣地亚哥做到了,并且是以一位老人的身份做到了,崇高之美怎不令人感动?

岁月的流转冲淡了太多的故事,过眼云烟般的人物终究沉淀在时间的长河里,但老人与海的故事将会在人们心中永久流传,只因为——

一种精神,波澜壮阔,刻骨铭心。

一份美丽,穿越历史,辉映未来。

点石成金

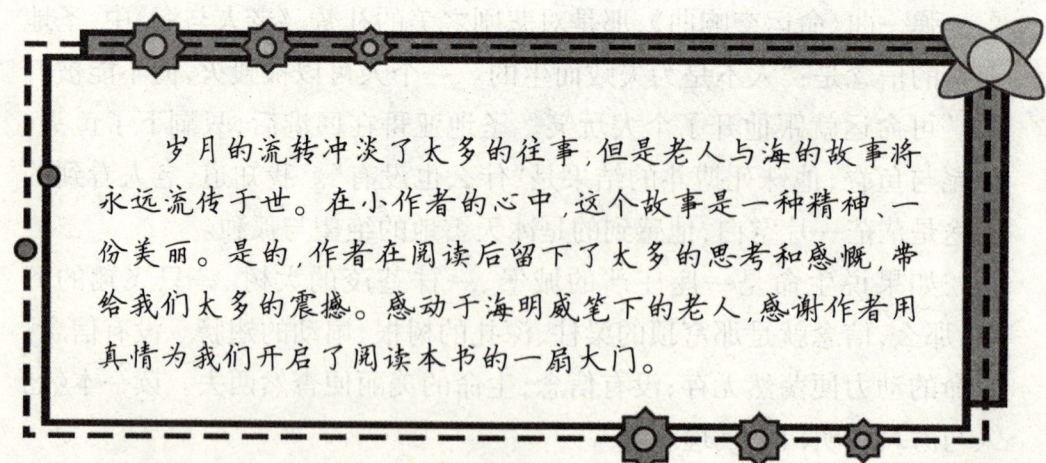

岁月的流转冲淡了太多的往事,但是老人与海的故事将永远流传于世。在小作者的心中,这个故事是一种精神、一份美丽。是的,作者在阅读后留下了太多的思考和感慨,带给我们太多的震撼。感动于海明威笔下的老人,感谢作者用真情为我们开启了阅读本书的一扇大门。

读《西游记》有感

学校:平湖市广陈中心小学　作者:胡佳玥　指导老师:俞爱平

　　《西游记》是我最喜爱的一本古典名著。这本书主要写了唐僧师徒四人经历各种磨难最后取得真经的故事。取真经不易,生活中想要取得成功又何尝不是如此呢?

　　书中的师徒四人各有特点:唐僧一心向佛,有时也不分是非黑白,任何人的话都轻易相信;孙悟空不畏困难、追求自由,有时又十分固执,显出猴子的本性;猪八戒能说会道,可有时也会贪财好色;沙和尚任劳任怨,可在书中他仿佛只会挑着包袱。看似毫无关联的四个人,在作者的笔下,为了同一个目标,他们聚到了一起,一起经历了各种困难,最终取得了真经。(抓住了唐僧师徒四人的不同个性,让我们的眼前又浮现出了师徒四人行的画面!)

　　不管是谁,想要修成正果,取得成功,都离不开坚持不懈。在学习的途中不也是这样吗? 如果半途而废,自然不会学有所得。我就有过这样的切身体会。那一天,英语老师布置了回家作业,说第二天要默写单词,到家后我拿出课本开始背诵。那几个单词又难又长,实在难以记住,我心想,这么难的词肯定不会全部默写,于是背了一半就放弃了。结果第二天默写的时候,我背过的单词轻而易举地写了出来,而没有背的那几个,我抓破了头皮也没能写出来。后来,默写本发下来时,那几个单词果然错了。看着旁边同学本子上鲜红的满分,我羞愧得流下了眼泪。

有人说:"每个人其实离成功都只有一步之遥,成功只有两步,一叫开始,二叫坚持。"堆九仞高的山,只缺一筐土而不能完成。成语"功亏一篑"讲的也是这个道理。一步的距离决定了很多人命运的归宿。(巧用名言加成语,说服力大大增强,表达效果也凸显出来了。)爱迪生为了发明电灯,从传统的炭条到金属钌、铬、白金等,试用了6000多种材料,其间不断遭受失败的他一直咬牙坚持,经过了7000多次的试验,终于取得成功,并最终赢得了"发明大王"的美称。

记得上次学校运动会跑步比赛中,有一位运动员,因为其他选手的碰撞而摔在了跑道上,看得出来,伤势很严重,可是他没有退出,而是一步一步艰难地坚持到终点,观众都站起来为他鼓掌。他不屈不挠、永不言弃、坚持不懈的精神感动了在场的每一个观众,也感动了我。

那次英语单词默写后,妈妈监督我完成了那些单词的背诵,并且教育我说:"你看你,遇到点困难就放弃,再多读几遍不就背出来了?其实并没有你想象的那么难。做什么事都要坚持到底,那样不管成功与否都不会有遗憾,至少曾经努力过!"是啊,对于我来说,只要没有放弃,本身就是一种成功。

《西游记》这本书使我受益匪浅,它让我明白了就算我们现在所坚持的事情很难完成,但是,只要我们坚持到底,就一定会有所回报。

点石成金

一千个读者就会产生一千个哈姆雷特。小作者阅读了《西游记》这本书后印象最深的是他们坚持不懈地追求目标,最终获取真经修得正果。结合生活实际,又谈了这种阅读收获对自己学习、生活产生的巨大的指导作用。如果能够把书中的内容和阅读的感受联系得更加紧密些,会更有说服力。

是她,让我明白要以诚待人

——读《木偶奇遇记》有感

学校:嘉兴市秀洲区王江泾镇中心小学　作者:陈运莲　指导老师:桂仁芳

　　"与朋友交,言而有信。"《论语·学而》中的这句话的意思是:交朋友的时候,一定要守信用、讲诚信。是呀,如果你不以诚待人,会有人愿意做你的朋友吗? 如果你总是欺骗大家,会有人相信你吗? 当然不会。一想到诚信,我总是会想到令我印象深刻的一本书——《木偶奇遇记》。

　　《木偶奇遇记》是我在图书馆中无意间发现的。我大致看了几页,没想到,这本书竟像磁石一样,吸引着我的眼球。这本书讲的是:杰佩托从老朋友木匠那里得到一段木头,但是,他没有想到用这段木头做成的木偶匹诺曹不仅会跑会跳,而且天生调皮捣蛋,他为此吃了很多苦。幸运的是,在经历了种种奇遇后,匹诺曹最终变成了一个孝顺、懂事、诚实的小男孩。

　　故事中的匹诺曹一撒谎,鼻子就会变长,但他一旦把谎言变成真话,他的鼻子就会恢复成原来的样子。这本书通过一个个有趣的故事告诉我们做人要诚实。这本书也让我们明白:一个孩子由坏变好时,就会有一种神奇的力量,会使生活变得美好……这一切是那么的神奇、有趣,所以这本书深深地吸引了我,我看了一遍又一遍。(从《论语》中的诚信想到了《木偶奇遇记》这本书,又从这本书回到了诚信,主题鲜明!)

　　这本书也让我明白,无论什么时候、什么情况,都要讲诚信。放眼我们现在这个社会:有许多家庭条件都非常好,要什么有什么,可这依旧满足不了人们的欲望:有些人用撒谎的方式来弥补自己的过错。更过分的是,有些人不但不承认错误,还把事情赖在别人身上,自己却若无其事,好像这件事真的是别人做错了。

我曾经看到过这样一则新闻:一位白发苍苍的老爷爷在横穿马路时不小心摔倒在地,无法动弹。这时,有一个青年正好路过,看到这情形,没有多想,便跑到老人身边,把老人小心翼翼地扶起来。没想到,不可思议的一幕发生了,老人被扶起来后,一把拖住青年,并指责他撞到了自己。无论青年如何解释,老人还是死死咬定是那个青年撞的自己。过路的人们也都以为是青年不小心把老爷爷撞倒了,才会好心把老爷爷扶起来。最后,幸亏交警叔叔查看监控,才真相大白。这个老爷爷为了自己的利益,做了一个忘恩负义的人,受到了各种舆论的指责。如果我们在生活中,都像这个老人一般不讲诚信,是非不分,那是多么可怕的事情!(关注社会时事,以案说信,让当事人感到可耻,让周围人引以为戒。)

……

《木偶奇遇记》告诉我们不能撒谎,要以诚待人。这本书也让我明白:诚实是一个人必不可缺的高尚品质。只有以诚待人,才能得到别人的信任。

高尔基说过:"书籍是人类进步的阶梯。"的确如此,一本好书,就是一位不开口的老师,教会你做人的道理;一本好书,也是一盏明灯,照亮你前进的道路。朋友们,让我们热爱读书吧,她会让我们懂得很多课本上学不到的知识,也会让我们的人格更高尚。

点石成金

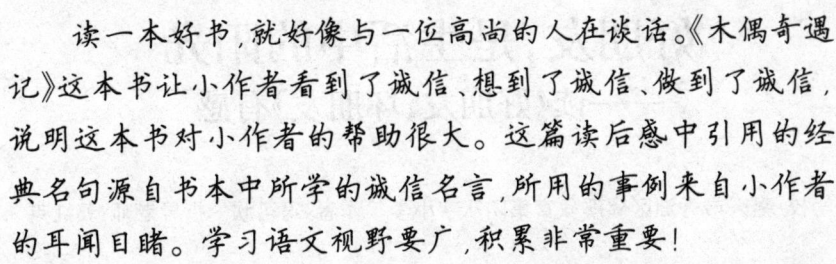

读一本好书,就好像与一位高尚的人在谈话。《木偶奇遇记》这本书让小作者看到了诚信、想到了诚信、做到了诚信,说明这本书对小作者的帮助很大。这篇读后感中引用的经典名句源自书本中所学的诚信名言,所用的事例来自小作者的耳闻目睹。学习语文视野要广,积累非常重要!

遵守诺言就像保卫你的荣誉一样。
——〔法国〕巴尔扎克

好朋友，是生活中的阳光
——读《好朋友，坏朋友》有感

学校:嘉兴市秀洲区磻溪教育集团八字小学　作者:冯可欣　指导老师:郭红英

暑假里，我读了一本书——《好朋友，坏朋友》，这本书让我陷入了沉思。

胡小闹的好朋友苏西坡结识了一群"仗义"的朋友，他们带着苏西坡到处吃喝玩乐，还帮他打架。但是，胡小闹感到了其中的猫腻，他与长安一起调查出了事情的真相。可就在真相大白之际，苏西坡被他那些"仗义"的朋友给绑架了！胡小闹、长安等人听闻，连夜跑去营救自己的好朋友苏西坡。最终，苏西坡被自己真正仗义的伙伴给拯救了。

克雷洛夫曾经说过:选择朋友一定要谨慎！地道的自私自利，会戴上友谊的假面具，却又设好陷阱来坑你。从这本书中，我体会到了五个字——交友需谨慎。新闻上因交友不慎而导致的惨案比比皆是，他们有的因此走向歧途，有的因此丧失性命，有的因此后悔终生。书中的苏西坡也是因为交友不慎而导致被绑架。相反，如果你交到一个真心朋友，那么你将受益终生。你可能会因为好朋友的帮助而克服一个个的困难，可能会因为好朋友的鼓励而打破内心的束缚，破茧成蝶。

记得四年级的时候，我偷偷迷上了一个"朋友"。这个"朋友"神通广大，可以跟他玩游戏，聊天，看各种视频，更加神奇的是，作业做不出的时候，一点答案就来了。(这个好朋友似乎非常神秘，必须要用浑身的解数

才能把他猜出来,但是这样写吊住了读者的胃口。)真是太棒了!自从有了他,我天天把他捧在手心里,简直到了废寝忘食的地步,晚上都舍不得睡觉了。也许,你一听就知道了,这个"好朋友"就是智能手机。

然而,一段时间后,各种后遗症开始出现了。由于缺少睡眠,上课打瞌睡,无精打采,不能集中精力听讲;作业不认真做,"作业帮"确实帮了我很多忙,不过是"倒忙",很多问题我不懂装懂,导致越来越不懂。可想而知,我的成绩一落千丈,连视力也下降了。爸爸妈妈着急了,老师着急了。为了赶走这个"坏朋友",他们想了各种办法。最终,让我走出这团迷雾、清醒过来的,还是我的好朋友玲玲。她是个非常喜欢看书的人,在她的影响下,我走进了书的世界。这是一个全新的世界,我遨游其中,接触了李白、杜甫,沈石溪、曹文轩,高尔基、巴尔扎克……古今中外,我的"朋友"越来越多,学到的也越来越多。最开心的是,老师夸我的文章越来越棒了。(通过对比的修辞手法,让我们明白了结交朋友的重要性。)

真正的好朋友,是生活中的阳光。泰戈尔曾说,在哪里找到了朋友,我就在哪里重生。书,让我"重生"。

点石成金

生活需要阳光,朋友就是其中的一缕。小作者在阅读了《好朋友,坏朋友》这本书后,对朋友有了更好的认识,对交朋友也有了更深刻的反思。本文最大的亮点是通过前后的对比把小作者自己的阅读体悟、思想转变生动地记录下来。

让奋斗成为一种习惯
——读《感动小学生的120篇故事》有感

学校:桐乡市茅盾实验小学   作者:陈亨儿   指导老师:孟菊仙

妈妈常说:"少壮不努力,老大徒伤悲。"于是我必须每天练钢琴、吹笛子、学围棋、练唱歌、练硬笔书法。爸爸总讲:"天将降大任于斯人也,必先苦其心智,劳其筋骨。"于是我必须每天5点30分起床晨跑3000米,晚上还必须练习羽毛球与游泳,不论寒暑。

每天,我累并痛着,丝毫没有快乐可言。想想其他同学,他们抱着iPad玩《王者荣耀》时,我却正在琴房苦练钢琴;他们裹着被子流连梦乡时,我却正迎着晨光或顶着寒风奔跑。我曾懊恼过,同样是小孩子,人家怎么能过得这么舒服? 难不成我真的是充话费送的?(拿别人的生活经历跟自己做对比,引出了自己的困惑,语言表达生动有趣!)

直到读了《感动小学生的120篇故事》这本书后,我的这种想法才渐渐得到了改变。我被书中的故事深深吸引和感动:自立自强的阿根廷著名项链设计师玛丽娜·冈萨雷斯让我明白灰姑娘的幸运只存在于童话里;永不轻言放弃的足球女将孙雯让我懂得了坚持、坚持、再坚持就有可能见到彩虹;大名鼎鼎的纽约"股神"爱德华·何文斯让我谨记,生命只在今天的每时每刻,与其为明天忧虑,不如做好当下的每一件事;坚毅乐观、不向病魔屈服的辛迪告诉我,生活中各种磨难在所难免,永远不要自暴自弃,而要微笑面对每一天……

给我印象最深刻的是书中"九球天后"潘晓婷的故事。她为了实现自己的台球梦,在阴暗潮湿的地下室,每天坚持趴在台球桌上训练15小时。整整四年,她没去过公园,没看过电影,没与同龄人玩耍打闹过,没吃过一顿大餐,除了运动装外没买过一件新衣服。说实话,跟潘晓婷的经历相比,我的这点苦与累哪还好意思说出口!(择取自己印象最深的人物,来跟自己学习上的苦与乐做对比,改变了自己最初的低级认识。)

细细品读一篇篇故事,慢慢品味他们的成长历程,我有点体会到爸爸妈妈的良苦用心:成功来自勤奋与坚持,只有厚积才能薄发,今天不努力明天又怎能优秀?

慢慢地,我的眼前逐渐豁然开朗起来。每当我因练琴而感到乏味烦躁时,因难懂的奥数、晦涩的小古文懊恼时,因连续输棋灰心时,因晨练练得筋疲力尽直想呕吐时……我都默默地鼓励自己,一定要坚持住。

"闻鸡起舞""悬梁刺股""冬练三九""夏练三伏",古人早就告诉我们,只有苦练苦读才能走向成功。而《感动小学生的120篇故事》中的那些主人公正是用一个个生动具体的事例向我证明了这个道理。而今,我已深深地明白自己今后脚下的路该怎么走:只有当奋斗成为一种习惯时,成功才不会遥不可及。

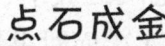

点石成金

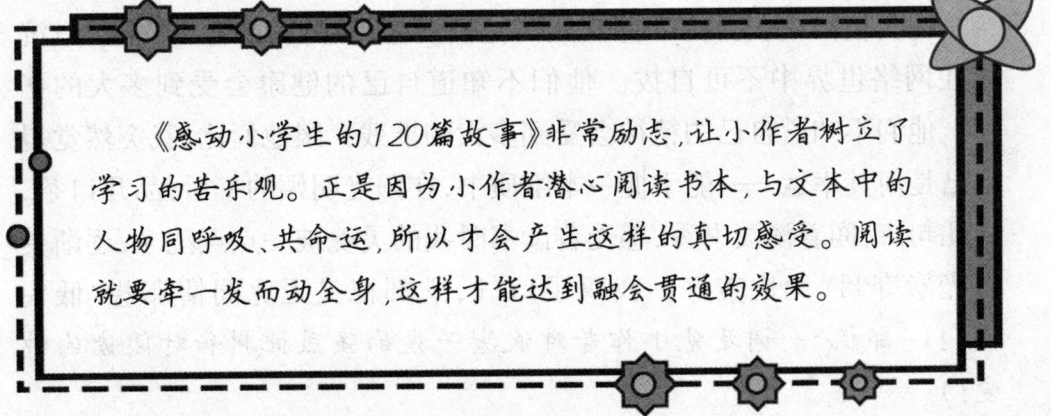

《感动小学生的120篇故事》非常励志,让小作者树立了学习的苦乐观。正是因为小作者潜心阅读书本,与文本中的人物同呼吸、共命运,所以才会产生这样的真切感受。阅读就要牵一发而动全身,这样才能达到融会贯通的效果。

人类当与书籍共存

——读《宇宙最后一本书》有感

学校:嘉兴市南湖区余新镇中心小学　　作者:赵小语　　指导老师:陆敏琴

如果世界上没有了书籍,人类将何去何从? 当我从书柜中取出《宇宙最后一本书》这本书时,不由得思索起来——继续逍遥自在地快乐生活,还是行尸走肉般麻木生存。究竟会怎样呢? 我迫不及待地翻开了书……

世界被一场巨大的地震毁灭,没有了书籍,也没有了阅读,只剩下新奇的高科技来满足人类精神上的空缺,他们因此忘记了过去,也看不见未来。作者以十二岁的小男孩憨头为视角,让他赌上自己的生命,力闯重重危险的关卡,去救身患重病的妹妹。憨头的一次次成长,一次次迷茫,一次次面对书籍与高科技的犹豫不决,也引起了我的深思。

现实生活中,有许多"低头族",他们淡忘了感情,不懂得交流,只沉迷在网络世界中不可自拔。他们不知道自己的健康会受到多大的伤害! 他们不知道自己的精神会受到多大的摧残! 跟他们比,我突然觉得自己是何其幸运——能手握一本纸质书,在阳光明媚的午后,品几口茶,读几句诗,闻着淡淡书香,感受着读书时我的灵魂被一点点洗净,逐渐变得光彩夺目,无比美好。我叹了口气,既鄙视又无比同情那些"低头族"!("鄙视"一词足见小作者对低头一族的强烈批判和对阅读的钟爱!)

这时,书中主人公憨头那种坚持不懈、迎难而上的形象又浮现在我眼前。他坚信书籍可以唤醒人类对美好世界的回忆,并为此不断努力着、改变着,即便被唾弃,依然毫不退却,信心满满地笑对人生。就冲这一点,未来属于他,他应在书籍中永生!是的,书籍的力量是神奇的、惊人的。

2017年春节,《中国诗词大会》火遍全国各地,"宣父犹能畏后生,丈夫未可轻年少"的年度总冠军武亦姝更是让我佩服得五体投地。在第四场的个人追逐赛中,十六岁的她九道题全对,获得308分,成为《中国诗词大会》第二季播出以来在这个环节最高分的获得者。而在争夺攻擂资格的飞花令中,她在被提醒"说过了"后处变不惊、从容应对,顺利获得攻擂资格,并打败北大博士生陈更,成为第四场擂主。我想:这份镇定、这份机敏、这份博学,与她的阅读是密不可分的。她站在那里,就自有一股浑然天成、淡然自若的气质,而她眸中闪烁着的是对诗词至死不渝的爱,对书籍浓郁热烈的爱,这大概就是"腹有诗书气自华"吧!(才女武亦姝的事例告诉我们,阅读是神奇的,阅读会带来整个人气质的变化、命运的改变!)

十六岁的才女武亦姝告诉我们:人类需要书籍,需要依靠书籍获取知识、汲取营养、滋养心灵!十二岁的少年憨头也告诉我们:人类需要书籍,需要依靠书籍来满足精神上的需要!因为只有书籍,才能使我们的生活更充实、更丰盈、更有意义!所以,同学们、朋友们,我们为什么不放下手机与电脑,体验阅读纸质书的快乐呢?小小年纪的憨头尚能在艰难险阻面前做到,我想,我们也一定能做到。想到这,我不由微微一笑,几米阳光攀上了书的肩头。

如果世界上没有了书籍,人类将何去何从?《宇宙最后一本书》生动地为我们诠释着——人类当与书籍共存!

让我们与憨头一起,在磨难与历险中成长,见证书籍与爱的力量吧!

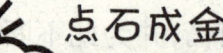

点石成金

　　从这篇读后感中可以清晰地看到小作者是热爱阅读、爱书如命的。对现实生活中"低头族"的抨击，以及对《中国诗词大会》中才女武亦姝的佩服让我们看到了小作者对书籍的态度。本文最大的特点是能够以自己的情感变化为线索来表达自己对阅读的看法，很有见地。

　　书籍是幼年人的导师，是老年人的护士，在沉寂的时候，书籍使我们欢愉，远离一切痛苦。

　　　　　　　　　　　　——〔英国〕柯里叶尔

时间，最绚烂的生命之花
——读《毛毛》有感

学校:嘉善县实验小学　作者:唐轶心　指导老师:陈红霞

　　看完最后一页,我静静地合上书,闭上双眼,似乎看到了一朵美妙绝伦、洁白无瑕的"时间花",在幽暗的池水中悄然绽放,又悄悄凋谢。我又似乎隐隐察觉一缕光擦肩而过,那是时间在流逝。每一个人心中都有一朵"时间花",是珍惜它,还是舍弃它?《毛毛》这本书告诉了我们:珍惜时间就是珍惜生命。

　　主人公毛毛是一个小女孩,她拥有一双宛如寒星的黑眼睛,有着沥青般的黑色鬈发,穿着一件用五颜六色的布块缝起来的长裙子,外面套着肥大的男夹克。她没有高超的琴艺,也没有动听的嗓子,只有别人也会的本领——倾听。小镇里的人们都很喜欢和毛毛聊天,毛毛总是睁大眼睛,一心一意、满怀同情地倾听着。面对她,伙伴们突然都有了灵感,又充满信心和快乐。可是,时间窃贼"灰绅士"神不知鬼不觉地出现在小镇上,它们表面上是一群好心人,劝人们要珍惜时间,实际上是将人们节省下来的时间偷走。毛毛的朋友们变得忙碌而又不快乐,小镇上只有人们匆匆的脚步声。毛毛意识到这一切,跟着一只壳上能出现字的乌龟——卡西欧佩亚,找到时光老人霍拉大师,一起勇敢地消灭了所有的"灰绅士",解冻了"时间花",将被"灰绅士"偷走的时间还给了人们。在这过程中,毛毛发现了时间的秘密:时间不是金钱,时间是生命。(能够用书中的内容来回答怎样对待有限的时间这个问题,这样的解释贴合儿童的心灵。)

"一寸光阴一寸金,寸金难买寸光阴。"是啊,每个人都明白珍惜时间就是珍惜生命,可又有多少人是牢牢握住了手中的时间、生命中的光阴呢? 读着读着,我不禁思绪万千。暑假开始时,家里的"活宝"老爸就迫不及待地向我发起挑战:"宝贝女儿,老爸想每天和你比赛背《论语》,你敢不敢挑战?""这有什么不敢的啊! 凭我的聪明,肯定背得比你快!"我脱口而出。话一出口,我急忙把《论语》找来一翻,一看每一条的内容这么少,更是踌躇满志,信心十足。刚开始的两三天,充满斗志的我总是用最快的时间熟练地背出当天要背的《论语》。可好景不长,渐渐地,爸爸开始早上催促我背,而我开始用"我还想睡一会儿""妹妹要找我玩"等五花八门的理由拖延时间。回想到这,我不由羞愧难当,时间如流水,似夏天的阵雨,像呼啸而过的狂风,不珍惜时间,就如竹篮打水——一场空。我又想到课文中的鲁迅先生,他有一次上学时迟到,老师狠狠地责备了他,他没为自己辩解,在桌角轻轻刻了一个"早"字。这个"早"字从此刻在了他的心里,伴随了他一生。最后他成了伟大的文学家,给后人留下了大量的文学著作。时间如生命般珍贵,不虚度光阴,才能得到丰硕的成果。(一波三折的背《论语》比赛让我们看到了要做到坚持不懈地珍惜每一分每一秒,确实是非常不易的。)

可是,珍惜时间并不等于盲目地节省时间。"灰绅士"骗人们尽可能在最短的时间内干尽可能多的工作。于是,泥瓦匠为了建更多的房子,往灰浆里掺沙子;医生们没有耐心和时间仔细询问每一位病人的病情;孩子们没人照顾,被迫进入"儿童之家",失去了往日的神采奕奕。人们忽略了爱,忽略了温暖,忽略了快乐,只剩下疲惫的身躯和无际的绝望。也许"灰绅士"就在你我身边,正恶意地让我们盲目地节省时间,我们不要做书中被控制的傀儡佛西先生,虽然压缩时间提高了效率,但理发水平却一落千丈。在追寻时间的过程中,也要学会停下脚步,用心体会生命的美丽:徜徉在花丛中,让柔软的草尖轻挠脚底;看蜻蜓轻柔地落在荷花苞上,尾尖不经意一点,一粒晶莹剔透的卵粒轻盈滑落;伸出双手,看蝴蝶扑扇着翅膀,优雅地落在手上,翩翩起舞……(珍惜时间不等于盲目节约时间,避免我们步入认知的误区。)

"嘀嗒、嘀嗒……"耳畔,时间奔跑的声音在回响。"时间花"在生根、绽放、绚烂。生命的苗,随着时间的脚步成长。

点石成金

珍惜时间的名言很多,古今中外也有许多珍惜时间的经典故事。小作者的这篇读后感结合自己的生活实际,运用大量的成语,让我们感受到珍惜时间要长期做到确实不是件容易的事情。更值得一提的是,小作者还从另外一个极端的侧面提醒我们避免走入珍惜时间的误区,逻辑非常严密。

世界以痛吻我,而我报之以歌

——读《不向命运屈服的科学巨星:霍金》有感

学校:海盐县实验小学教育集团　作者:夏涵欣　指导老师:周爱萍

霍金——一位家喻户晓的科学巨人。他的黑洞蒸发理论和量子宇宙论,不仅震动了自然科学界,并且对哲学和宗教也有着深远的影响。然而命运却和这样一位天才开了一个玩笑:这位巨人竟然是一个高度瘫痪的人,而且他所有广为传颂的成就都是在他瘫痪后得到的。这太让我震惊了,他何来的这份坚强?

读完整本书,巨人的这句话给了我答案:身体和精神不能同时残缺!正是因为他的这份坚强,才换来了他别样的精彩人生。霍金就是不向命运屈服的典型。

合上书本,我静静地想着,审视自己,何曾有过一丝这样的坚强?当你考试考砸时,你觉得自己很没用,不受命运之神的待见,会埋怨上天待你不公平,却没有想过要发愤图强,提高成绩;当我们作业堆成一座小山时,我们只顾着埋怨老师,却没有拾笔;当我们遇到难题时,有时会直接跳过,而没有去思考如何翻越这座高山……(对自己一次次的叩问,就是阅读催发你精神的发酵,就是阅读给予你反思的勇气。)可能很多人会说:"我也想不被命运欺负,可是一遇到坎坷我就觉得自己的世界要倾覆了。"回过头来,仔细想想:难道因为害怕遇到难关就不去尝试,一味地去逃避吗?当然不是。就如霍金,在如此恶劣的身体条件下,他没有放弃

自己,他迎难而上,他不向命运屈服……《时间简史》一出版就在全世界引起轰动,一上市就被一抢而空,在全球有着无数的读者。我们由衷地对这位坚强的科学家产生敬佩。

记得有一次,一名女记者在记者招待会上向霍金提出了一个刁钻的问题:"你不为禁锢在轮椅上而感到羞耻吗?"霍金镇定地在键盘上敲下了一行字:"我并不为禁锢在轮椅上而感到羞耻,上帝虽然把我禁锢在轮椅上,却给了我可以探索宇宙秘密的脑子,可以活动的手指,可见上帝对任何人都是公平的。"他的话赢得了全场的掌声。的确,他战胜了自己,改变了命运。(霍金的经典回答证实他是一个不向命运低头的人,全场的掌声是对他最好的回应。)

世界以痛吻我,而我报之以歌!

霍金,他创造了奇迹,他向世人证明了,被命运戴上枷锁的人,其实也可以活得很精彩;即便是身体有所缺陷,也可以让自己的思想无边无际地自由翱翔,也一样有通往成功的途径。

作为新时代的少年,我们有什么理由去抱怨呢?在我们的人生旅途上,我们每一个人就像一只渴望飞翔的鸟儿,坚定的信念就是我们飞翔的翅膀。所以我们应当像霍金那样,拥有刚强不屈的翅膀,坚持不懈地飞向自己的人生理想,让人生的魅力和美丽尽情展现!

点石成金

世界以痛吻我,而我报之以歌!霍金的经历告诉世人,每个人只要有梦想,就有自己的舞台。小作者的这篇读后感,用一次次的叩问来直击自己的内心深处,催发自己思想的蜕变。相信在前行的道路上,任何艰难险阻都不能阻挡小作者实现梦想的步伐,霍金的惊人之语总会回荡在小作者的耳畔。

不一样的达·芬奇
——读《哈默手稿》有感

学校:海宁市教师进修学校附属小学　作者:董集文　指导老师:钱顾仙

　　说到达·芬奇,你首先会想到什么呢?我想大家的脑海里一定会蹦出"杰出的画家""蒙娜丽莎""文艺复兴三杰之一"等字样。如果是这样,那么我告诉你:你对达·芬奇的了解太狭隘了。

　　暑假里去新华书店买书,不经意间看到书店一角的书桌上静静地躺着一本《哈默手稿》,我很好奇,随手拿起一看,作者竟然是达·芬奇!我从小就很喜欢绘画,于是毫不犹豫地买下了它,迫不及待地看了起来……看完全书,我无比惊叹:原来,绘画并非达·芬奇的终极才艺,而只是达·芬奇的最基本的技能,他无比娴熟地运用这个技能描摹天地,洞察万物之理。

　　这本书让我更全面地了解了达·芬奇。达·芬奇除了绘画的艺术登峰造极之外,雕塑水平也只有米开朗琪罗才能够和他媲美。更让我惊讶的是,他还是一位伟大的数学家、生理学家、天文学家、物理学家、地理学家、水利学家、发明家……简直就是"百科全书式的天才"。他一生勤于记录,写下了数以万计的手稿,而在米兰时期书写的这份连续72页的《哈默手稿》弥足珍贵。这份手稿包含了大量对水力学、天文学、建筑学、岩石和化石的阐述文字和手稿草图。在各个手稿中,他观察一切,不断地提出对其他人判断结果的怀疑,猜测各种可能,推理、判断、定义一切,

并且试着创造一切。爱因斯坦曾这样评价他：如果达·芬奇的科研成果在当时就发表的话，科技可以提前三十至五十年！

读完全书，虽然书中的很多内容对我来说有点难以理解，有些物理方面的手稿甚至看不懂，但是借助手稿旁边的文字解读，还是让我受益匪浅，尤其是对达·芬奇的工作方法的感受：像科学家和艺术家一样对世界的细致观察，不断提出对其他人判断结果的怀疑，每一天都能对普罗大众说"你们是错的"，然后大胆猜测各种可能，经过推理得出创造性的结论。（一个人的个性是多元的。多阅读，有利于更全面地了解一个人。）

而作为一名小学生，我其实也应该学习达·芬奇的这种大胆怀疑、勇于猜测、周密推理的学习和研究态度。记得在三年级奥数大赛的前夕，我每晚做"赛前100题"的练习，每次做完后对照答案进行检查。有一次，我做的一道题的结果与书后面的答案不一样。咦？怎么就做错了呢？于是我看着答案的解题过程开始苦思冥想，可是对于书上的"标准答案"我怎么也想不通……时间一分一秒地过去了，还是毫无进展。过了好久，我实在是想不出个"子丑寅卯"来，于是决定：照着书后面的"标准答案"改动。结果三天后的奥数课上，老师就说了这道题书上的答案是错误的，并公布了正确的答案——原来我第一次的答案就是正确的！我当时怎么就没怀疑书中的答案也可能是错误的呢？怎么就不像达·芬奇一样大胆地说：这是错的！

看完《哈默手稿》后，我逐渐改变了自己对学习的态度，当遇到困难时，我不再像以前一样畏缩不前，而是大胆想象、大胆出击，哪怕碰个"头破血流"，我也不怕；对一些自己不认同的知识和观念，我也大胆质疑，敢于和老师"争锋相对"，辩出一个"子丑寅卯"来。这样的改变，使我的思维更活跃了，学习兴趣更浓厚了！（《我最好的老师》一文中的怀特森老师就鼓励学生要有批判性思考的能力，这种能力是相当重要的。）

《哈默手稿》中的达·芬奇用实践演绎了"怀疑精神是知识分子应具备的基本素养"这一现代认识。每当我扫过《哈默手稿》中那些酷似我们

小学科学课本的目录时,就会想到:在五百年前,是达·芬奇手持怀疑之剑,在谬误的森林中披荆斩棘,带领着世人通往光明世界。

点石成金

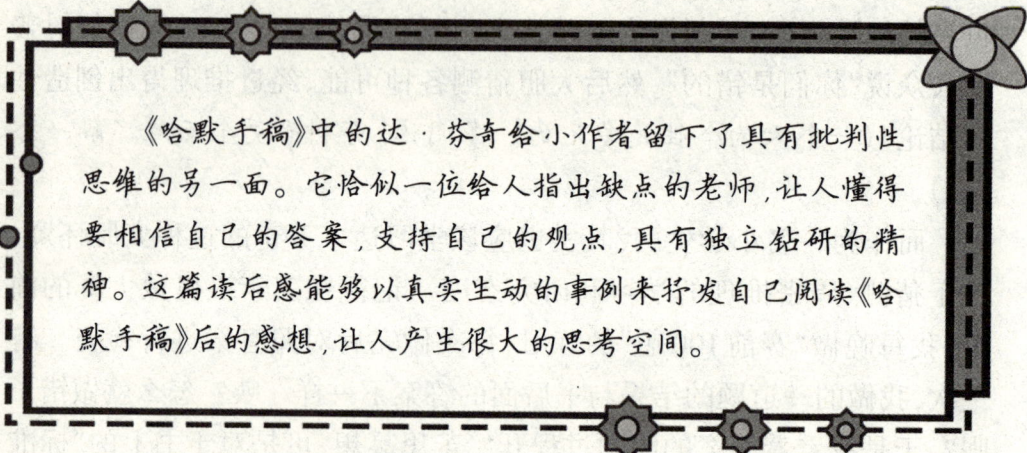

《哈默手稿》中的达·芬奇给小作者留下了具有批判性思维的另一面。它恰似一位给人指出缺点的老师,让人懂得要相信自己的答案,支持自己的观点,具有独立钻研的精神。这篇读后感能够以真实生动的事例来抒发自己阅读《哈默手稿》后的感想,让人产生很大的思考空间。

爱的真谛

——读《我会好好爱你》有感

学校:嘉善县实验小学　作者:陈　昭　指导老师:王彩红

　　翻开《我会好好爱你》,我就走进了一个爱意绵绵的世界。书页打开又合上,但书里的故事却久久不会合上。

　　这本书主要写了十二岁女孩熊苗苗,原本过着无忧无虑的生活。突然有一天,妈妈告诉她,爸爸被公司调到遥远的长春工作了。之后,家里莫名其妙地发生了一连串的怪异现象。但在寒假的某一天,爸爸的QQ头像突然闪烁,兴奋的苗苗怀着对爸爸的思念,独自一人踏上了开往长春的火车。可等待她的,却是一个噩耗:爸爸在去年初冬就走了,由于一场车祸。但苗苗和妈妈并没有失去对生活的信心,彼此互相爱着,一路前行……

　　这是一部让人潸然泪下的小说,这是一个充满爱的力量的故事。故事在悬念重重、催人泪下的叙述中,饱含着脉脉的温情。爸爸深爱着苗苗,在他弥留之际,为了不让苗苗为自己担心,录下了自己爱的声音。苗苗也深爱着自己的爸爸,克服重重困难,踏上了火车,不远千里去寻找自己朝思暮想的爸爸……

　　在寻找爸爸的崎岖路上,苗苗一路收获了更多的爱。虽然,她失去了爸爸,但是,她没有一直悲伤、难过、脆弱下去,而是坚强地从痛苦中挣扎出来,她要尽自己所能,去好好地爱她的妈妈,去好好地爱她身边的

人！虽然爸爸走了，但苗苗还有妈妈、小姨、奶奶、姑姑，还有同学和老师的陪伴，她在爱的环绕下健康成长。

在苗苗的家里，爱无处不在，如一曲交响乐。她们倾听、表达、感受、震撼，所有人都彼此爱着对方，彼此关爱着对方。（抓住了书本中许多令人忽略的细节，让我们感受到了苗苗一家相亲相爱的感人画面。）我们家何尝不是如此。从我记事起，我便觉得我的父亲就顶着一头的白发，不苟言笑，表情木讷，与伶牙俐齿的我、性格急躁的母亲格格不入。一个中年男人，而且是个早衰的中年男人，这是我对父亲的评价。我从未认真想过，父亲年轻时候是什么样子的。

直到有一天，他的朋友圈里出现了一张十多年前父母亲（那时他们还是男女朋友）参加一个朋友婚礼时的照片。照片上，父亲年轻英俊的脸庞着实让我惊叹，完全超越了我的想象！英姿焕发的笑容、乌油油的头发，透过照片都能感到年轻的朝气。原来，我的父亲也曾经是那个母亲心中的英俊潇洒的翩翩少年！

啊，在我出生后的十一年里，我的父亲居然老了那么多！虽然，父亲不会像母亲那般细心照顾我的生活起居，不会在我耳边喋喋不休地要求这要求那，不会轻易地在言语上表达出他的关怀之情……可他一直是个忠实的倾听者，倾听我成长中的每次发声。这羞于表达、疏于张扬的父爱，我是否接收到了呢？有，这爱无处不在！（有些爱，就在我们身边，我们却一直习以为常，甚至感觉是理所当然的。读了这本书后，小作者心中歉疚之情油然而生。）在我最脆弱的时候，父亲总会伸出那双粗糙有力的厚实大手，有他在，我啥都不怕。双手的厚茧、鬓角的白发、额头的皱纹，构成了大山般的父亲。常言道，父爱无言，父爱如山。如果说母爱是世界上最伟大而温馨的感情，那父爱则是世上最伟大而深沉的感情。正因如此，父爱更需要我们用心去感悟，用心去品味。看了这本书，对照我的父亲，我似乎对父爱又有了新的领悟。这，才是爱的真谛！

漫漫人生路，总有一个人为我们支撑，总有一种爱让我们铭记。这个人就是父亲，这种爱就是父爱。

世界上歌颂父爱的诗有很多人诵，歌唱父亲的歌曲有很多人唱。父爱如山却平淡，父爱崇高而朴实。在小作者的眼里，苗苗父亲其实也是自己父亲的真实写照，更有世界上每个父亲的影子。让我们细心地品味生活，好好地学会感恩吧！

相互的爱，毫无保留而至死方休的爱所产生的幸福，确是人类所能得到的最大幸福之一了。

——〔法国〕莫洛亚

话贪婪

——《蓝鲸的眼睛》读后感

学校：嘉兴市秀洲区王江泾镇实验学校　作者：江心怡　指导老师：王晶晶

"书是人类进步的阶梯"，这是高尔基眼中的书；"书是全世界的营养品"，这是莎士比亚眼中的书；"理想的书籍是智慧的钥匙"，这是托尔斯泰眼中的书。而在我眼里，书是一束阳光，照亮了我的心田；书是一艘小船，带我到知识的海洋中遨游；书是一位慈祥的老人，告诉我们人生的道理……

人们都知道，得到了蓝鲸的眼睛，就是得到了光明。但是没有人能真正得到它。直到有一天晚上，海面上突然出现一只小帆船。远处的蓝鲸被船上的流光所吸引，船上的年轻人注视着它的眼睛，那里仿佛是两团蓝火在陶醉地舞蹈。是贪婪，是贪婪促使年轻人产生了欲望，在他举起矛钩射向蓝鲸眼睛的一瞬间，连大海也失去了光泽。然而，在海面上漂浮的蓝眼睛却被小女孩（一个盲人）所捡起，带回了渔村……

贪婪就是无穷无尽的想要拥有，贪婪就是最终一无所获。相信很多人都有过贪婪的念头：无意间捡到一元钱，还想再捡第二次；妈妈给了足够的零用钱，却还想要更多；吃了一块蛋糕，还想要更大块更美味的……这些浅显的贪婪，相信人人都能看见，都知道应该遏制。

但是，还有一种贪婪你们看见了吗？用知识做掩护的，以上进为借口的，在人们的潜意识里不断地作怪的贪婪，这就是对知识的贪婪。也

许你们会反对我的说法,会反驳道,对知识贪婪不是更好吗？这不是值得人们赞赏的精神吗？所以很多人在面对这种贪婪的时候,采取的措施都是——助长。(对贪婪的理解很全面,对知识的贪婪在小作者的眼中却未必是好事,观点让人耳目一新。)

我也曾经一度以为对知识的贪婪就是学习上的上进。于是,我就渐渐养成了这种贪婪的习惯:每次从书店出来,手里都会捧着一叠书——见好书就想要拥有。就这样,因为想要,就都买了下来,心里总是想:回家慢慢看。第二次进书店,又看见了心仪的书籍,爱不释手,因为想要,又买了下来。这样一次又一次,书架上积下了许多书。可以说,我是因为喜欢它们,希望阅读它们才买下它们的,但我却太贪婪了。因为贪婪,我不停地买书;因为贪婪,我买下了太多的书;因为贪婪,我无法选择阅读书籍。因为我贪婪更多的知识的滋润,所以我贪婪地购买书籍;因为我贪婪地买了太多的书,所以我贪婪得无法选择先读哪本书。渐渐地,我开始变得没有目标,没有规划,长久之后变得没有主见,做事情拖泥带水,漫无目的,甚至于依赖别人或是逃避困难。要知道,这样长久持续的话会有不堪设想的后果!(与其说小作者不加选择地购书是贪婪的,还不如说这种行为是盲目的。)

贪婪是我们不应该有的本性,我们不要靠近它,一碰上它,我们就会渐渐迷失自己,找不到最本真的自己!

点石成金

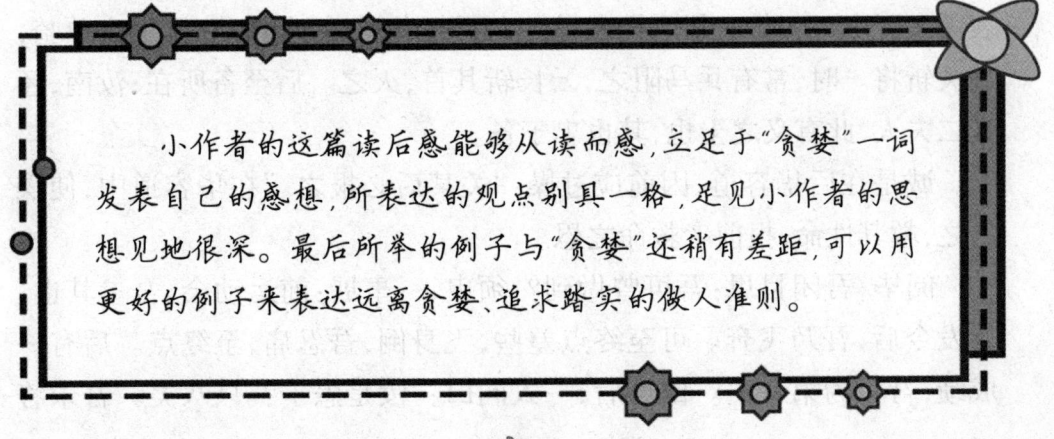

小作者的这篇读后感能够从读而感,立足于"贪婪"一词发表自己的感想,所表达的观点别具一格,足见小作者的思想见地很深。最后所举的例子与"贪婪"还稍有差距,可以用更好的例子来表达远离贪婪、追求踏实的做人准则。

品三国，见忠义之士
——读《三国演义》有感

学校：北京师范大学南湖附属学校　作者：张晟一　指导老师：翁青青

　　忠，即忠心，其甚贵；义，即义气，亦甚贵，其与诚不分伯仲。

　　《三国演义》始末有"话说天下大势，合久必分，分久必合"之语。实，东汉末，群雄皆起，乱世临，英雄造。吾读后，知曹操、孔明、张飞等，皆为乱世之雄。吾却晓，真英雄者，关羽关云长也。论曹操，其多疑，猜忌；论孔明，其足智多谋，出师未捷；论张飞，其有勇而无谋，性躁。却云长忠、义、诚集一身，心口一致，勇冠三军！（寥寥数语却将《三国演义》中主人公的形象刻画得淋漓尽致。）

　　忆一回，云长与备、飞分于下邳、小沛，共守操。备、飞因中操之计，散。云长与备之二夫人居于下邳，不知其讯。直至曹军举攻下邳，云长表无奈降之，实，待有机奔回备营。久后知备讯，封金挂印，千里走单骑，过关斩将。时，常有兵马阻之，云长斩其首，灭之。后至备所在，汝南，还其二夫人，此有义之士也，其也忠于备。

　　诚是在后华容道，因前应过操："关某后必报之。"在华容道中，使操出之，救其性命，报前者救命之恩。

　　阅毕，吾闭目思：吾可曾做到？须臾，一事展：前运动会，吾参其也，待发令后，吾乃飞奔。可至终点差些，飞身倒，吾忍痛，至终点。后有一成绩，吾只为第八矣。回班后，一人问曰："汝是怎了？只八矣？"吾未答

之,欲曰:"汝言差矣,吾摔之,爬起焉,亦可为好哉!"后想不成,便摇头去。后二日,在此运动会中,吾班又获第一,可与第二仅差一点。或说,若吾不起,或他人少得一分,则吾班为二矣。想至此,吾大感自豪,吾非不有功?可此为义?或为,或不为。总之,云长强之,无人可比矣。(联系自己的生活实际,情真意切地表达了自己对"忠义"两个字的理解。)

有义之士,少矣;有忠之士,少矣;有诚之士,甚少矣!有忠义诚之士,或仅云长一人哉!

点石成金

这篇读后感很有特色,用文言文的形式来表达自己阅读《三国演义》这本古典名著的感受,虽然在文言文的用词上可能还有些生硬,但是小作者对文言文的阅读兴趣和表达欲望还是值得称赞的。

那个拥有童真的美好世界

——读《丰子恺散文》有感

学校：嘉兴市运河实验学校　作者：赵雯萱　指导老师：卜伟强

　　读丰子恺的这本书，你会发现自己不知不觉被他书的内容深深吸引着，走进那个拥有童真和童趣的美好世界。

　　丰子恺在书中说过这样一句话："我的孩子们，我憧憬于你们的生活，每天不止一次！"他是怀着好奇的心去探索大人心中的那份童真、童趣的。

　　瞻瞻是让爸爸觉得尤其可佩服的。他会因为小猫不肯吃糕了就哭得嘴唇泛白，丰子恺用自己的想象力把瞻瞻号哭的悲哀描写得比大人的破产、全军覆没的悲哀都要真切。瞻瞻那善良而美好的样子，如电影般浮现在我眼前，让我忍不住为这位正在扯着嗓子哭的小孩子心疼！

　　最有趣的要数阿宝了，可爱的名字，可爱的举动。那晚你拿软软的新鞋子和你自己的小鞋子，给凳子穿上了，还得意地叫着"阿宝两只脚，凳子四只脚"。阿宝你真是个为别人着想的孩子，可是妈妈把这一切都破坏了，你一定想着：我们都有鞋子，而凳子的四只脚踩在冰凉的地面上，肯定难受极了，妈妈为什么不能理解呢？丰爸爸为阿宝想的却是："母亲这种人，何等煞风景而野蛮！"一种幽默从中散发出来。孩子们的心永远是最单纯而有趣的。

　　丰爸爸到最后又说道："且到你们懂得我这片心情的时候，你们早已不是这样的人，我的画在世间已无可印证了！这是何等可悲哀的事啊！"时间的不留情让那么美好的东西随着时间慢慢淡去，我被丰爸爸的心情感染，也感到了童年的可贵。(丰子恺的散文如他的漫画，灵动而耐人寻味，让我们的内心始终保持童心。)

富有感情的文字透露出丰爸爸自己内心的那颗孩子心，他保护孩子的童真、童趣、创造力，理解孩子和尊重孩子，向往孩子们无忧无虑而又简单的心。世上最美好、珍贵的就是刚到这世界上时对一切的好奇和那份没有经任何污染的纯洁心灵。多么崇拜丰子恺先生！

记得老妈跟我说过，在我小的时候，她脸上洋溢的笑是遮不住的。我的到来，让她欣喜、激动，感受到美好。虽然老妈有小洁癖，还是个话痨，又是急性子，但她是全世界对我最好的人。

小时候，我对周围的人、周围的东西、周围的事都有解不开的茫然。比如：为什么外公有时候那么吝啬？为什么外婆什么都听外公的？为什么爷爷奶奶对我有着特别深刻的意义？为什么小猫从好高的地方跳下来能安然无恙，而我却不能？为什么会有四季，而且还会有不一样的风景？为什么晚上有星星，而且数不清？为什么虫子要吃菜？为什么有些人要打架？为什么蝴蝶那么好看，花儿那么香，鸟儿会说话，蚂蚁那般无私？……(一连串的问题道出了孩童时代特有的天性——好奇，那是一个有着问不完问题的年龄。)小时候总把好多事打上问号，怀着满满的好奇；或者是感叹号，把一切想得都很美。可是就是不喜欢句号，因为不想让这一切都简单结束了。

最近我似乎懂得，不管时间如何推移，在每个人心中其实都有一个单纯而美好的童真世界。有时我们会感觉到长大的压力，但回想起那些美好，可能也会微微勾起嘴角！

点石成金

富有童真童趣的心灵世界是年轻有活力的。小作者的这篇读后感能够把阅读《丰子恺散文》后对童年生活的留恋写出来，让我们看到了丰子恺的内心世界以及此时此刻小作者的内心状态。的确，年岁渐增，我们在成长的过程中烦恼越来越多，但是我们也可以像丰子恺先生一样，保持一颗童心。

任何热情都将随着年岁而逐渐销声匿迹。
——〔法国〕伏尔泰

勇气，逆境中的光明
——读《猫武士·红月狂潮》有感

学校:嘉兴市洪兴实验学校   作者:贾凌阳   指导老师:钱秋萍

　　书是一笔不小的财富:书是一眼清泉,源源不断地流出知识;书更是一位知心的老友,不断地与你交谈,为你驱散寂寞和恐惧……

　　《猫武士·红月狂潮》这本书主要讲了:五位尊贵的猫王子和猫公主因为王国被灭亡,被迫进入神木林寻求祖先的帮助,可是他们却不知道,此刻的神木林已经发生了巨大的变化。他们将经历各种生死考验:聚沙成兵、月光悬梯、心海迷梦、骨雨肆虐……在通过种种考验之后,小猫们才能见到最后的神秘大BOSS—— 一个拥有无敌战爪的铁爪。

　　在这本书里,我最喜欢的是最后一段,小猫们在通过了前面种种困难磨砺后,终于迎来了最后的考验:猫王国的第一任国王,也是猫王国最强的武士——铁爪。面对铁爪,小猫们互相扶持,相互配合,在大姐被大火烧伤的时候,小猫们都争先恐后地扑了上去,义无反顾地用自己的身躯为大姐扑灭大火。因为他们团结一致、英勇无畏,即使自己的身体和心灵都受到了巨大的伤害,也永不放弃,大姐才没有受到实质性的伤害。(这感人的一幕幕让我们不得不称他们为"猫武士"。)

　　看到这段时,我的思绪又飞到了那个周末的中午……

　　"咔嚓",我系好了安全带,在勇士探险乐园里,我一边爬着摇晃的楼梯,一边想着:我可不能让老妈小瞧了我,我一定要通过所有的关卡! 而

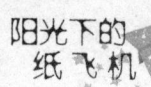
首先我要通过的就是一张悬浮在空中的白色大网,网子在空中不断摇晃,网丝很细,不细看都不会发现有张网。我一步步走过去,心中紧张不已,害怕网丝因承受不住我的体重而断裂。但想到在妈妈面前夸下的海口,一咬牙,我飞快地通过了巨网。(抓住了在勇士探险乐园里通过空中巨网时的心情变化,写出了自己战胜内心后的无比喜悦。)紧接着,我需要通过的下一关,是被细小的绳子系起来的木板桥,只要人往上一站就会引起整个木板桥剧烈摇晃。当我踏上第一块木板的时候,木板桥摇晃的速度令我害怕极了,更让我害怕的是当我往下看的时候,我的内心感到了巨大的恐惧。迟疑了一会儿,我还是灰溜溜地退回了起点。就在这个时候,有一个比我还小的小孩毫不迟疑地踏上了小木桥,坚定无畏地走了过去,我在那时深深地体会到了勇气的珍贵。

勇气,它可以让你在失败与成功之间徘徊时,鼓励着你向成功前进;可以让你在机会到来时,给你一双手,让你牢牢地抓住它;可以让你在放弃与坚强之间做选择时,悄悄地给你指明正确的方向。

五只小猫正是有了勇气,才能通过神木林的考验。他们的精神,化成了一颗种子,种在了我的心里……

点石成金

五只小猫的勇气深深地埋在了小作者的心间,相信会让小作者在人生一次次的挑战中战胜自我,战胜恐惧。这篇读后感,小作者能够从《猫武士·红月狂潮》这本书中汲取勇气,抓住自己内心的变化,表达了阅读给自己带来的力量。相信只要这种力量根植于我们的心中,那么我们在前行之路上将会无往而不胜。

走向成功的基石
——《笨男孩与纽扣》读后感

学校:上海外国语大学附属浙江宏达学校　作者:娄毅鑫　指导老师:王雅琴

　　"他是个笨男孩,对二分之一与三分之一谁大谁小的问题,一见就发晕。上了中学,老师曾多次给他父母暗示,读书不会在他身上发生奇迹。高考那年,全班落榜三人,其中就有他。"读着这样的一段话,你是否可以预言那个笨男孩的将来——他将会一事无成?

　　事实是怎样的呢? 让我们继续阅读下去吧。高考落榜后,父亲让他跟一个师傅学裁剪,他学得很认真,不仅纽扣钉得牢靠,而且还是一个地地道道的实用主义者,改造了一些小细节,如在裙腰的内侧加小口袋,把童装的口袋移到胸前等。两年后,他开了一个天才服装店,由于他的纽扣钉得总是很结实,顾客越来越多。他自告奋勇,义务为老年秧歌队免费钉纽扣,免费做秧歌服。再后来,男孩开始雇人,开始成立公司。现在,这已是一家资产超3000万元的私营企业,它的商标是一枚纽扣。

　　看了这个故事,你能想到结局吗? 我也觉得不可思议。原本是公认的笨男孩,竟然会取得那么辉煌的成就,是什么让他走向成功的呢? 我再次细致阅读,寻找答案。我发现,这是一个踏实、善良、肯动脑筋的男孩。他做事踏实,在十个学员中,钉的纽扣最结实;他热情善良,看见老人扭秧歌时扣子掉了,会主动义务服务;他肯动脑筋,在滞销服装上稍做实用性的修改,就让这些服装销售一空了。此时,你还觉得他笨吗?

　　当然,我也很为男孩庆幸,庆幸他遇到了一个好师傅。看到他钉的纽扣,师傅说他将来会成为一个好裁缝;看到他改造的服装,师傅夸他是天才。就是因为师傅给他的鼓励,让他更有自信,更努力,才有了伟大的成就。(小男孩的成功归功于自身的努力和师傅对他的鼓励。踏实做事终究会有回报。)

　　忽然,我想到了自己。我从小就喜欢钢琴,可我没有比别人更好的天赋。在学习弹琴的过程中,我遇到过很多困难,但我没有放弃,一直努力坚持着。今年考级前,我感觉压力大极了。那天到老师那里上课,回琴时却发现了许多问题。我有点担心,低下了头不敢看老师。可老师却笑了笑,说:"不错哦,只学过一次就能弹到这个程度,表扬一下哦。"这句话令我的心放松了下来,甚至有一点小小的喜悦。我跟着老师一个音符一个音符地练,一句一句地巩固,渐渐地,我越弹越熟练。看着老师满意地点头,我也笑了。回到家,我坚持每天完成两个小时的弹琴任务,不折不扣地执行,哪怕妈妈没在我身边督促。终于,在老师的指导鼓励下,在我自己的勤勉苦练中,我顺利通过了八级的考试,我成功啦!(是老师的鼓励使小作者重新树立弹琴的信心,让小作者懂得了做任何事情都要求实奋进。)

　　走向成功的基石是什么? 看到笨男孩的故事,你肯定也找到答案了,对,那就是踏实、勤奋。它们会帮助你战胜"愚笨",从而创造奇迹,走向成功。

点石成金

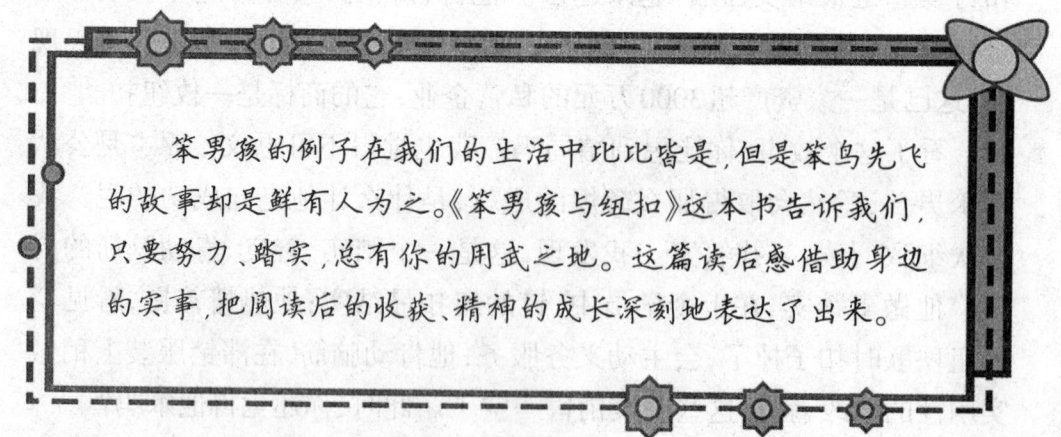

　　笨男孩的例子在我们的生活中比比皆是,但是笨鸟先飞的故事却是鲜有人为之。《笨男孩与纽扣》这本书告诉我们,只要努力、踏实,总有你的用武之地。这篇读后感借助身边的实事,把阅读后的收获、精神的成长深刻地表达了出来。

坚持铸就成功
——读《天使雕像》有感

学校:嘉兴市秀洲区高照实验学校　作者:郭嘉宜　指导老师:李培华

"坚持,坚持你所喜爱的一件事情,你的人生才会被赋予意义。"

除了我所喜爱的动物小说,似乎再也没有什么书可以触动我了,直到我看到了她——《天使雕像》。

克劳迪娅已经厌倦了在家中千篇一律的日常生活,她开始计划离家出走。克劳迪娅物色自己的弟弟杰米作为她离家出走的伙伴,并选择大都会博物馆作为去处。待在大都会博物馆里的一星期内,克劳迪娅被一件展品——天使雕像吸引,决意要弄清楚这座雕像出自谁人之手。可眼下,他们毫无线索,带的钱也快用光了。但克劳迪娅并没有打算就这么碌碌无为地重新回到家里,所以她并没有放弃。克劳迪娅和弟弟杰米利用最后的一点钱,终于找到了雕像的原主人——福兰克威尔夫人,在福兰克威尔夫人家的档案室中找到了真相。

这本书最打动我的地方,就是克劳迪娅的坚持和执着。她并没有被接踵而至的困难所打倒,也没有抱怨,只是坚定自己的信念一路直行,抵达终点。是这种"固执"和信念,让她探索真相的路途变得畅通无阻。因此,我也非常喜欢克劳迪娅。(克劳迪娅的坚持和执着表现在很多地方,小作者能够对阅读内容进行概括整合,让我们更清晰地看到人物的形象。)她的耐力、坚毅和不屈让我仿佛看到了另一个自己,心中备感亲切和温暖。当然,克劳迪娅的计划能力也非常出色,她也非常聪颖和机智,但是这些优点是建立在她的不屈不挠的性格上的,没有她这样的性情,她的优点也不会显现出来,并且发光发热。

在我们的身边,因坚持而成功,或因遇见困难就退缩而失败的事例数不胜数。它们都在昭示着坚毅和韧性的重要性。我们的英语老师曾说过,尚未拥有的要努力争取,而已经拥有的要更加珍惜。是啊,好好珍惜你困难时刻心底泛出的坚毅,拥有它你已事半功倍。

曾经有一次,我也遇到了困难。那是一次运动会,从没有参加过比赛的我被班主任选中参加五年级的女子四百米赛跑。当时,惊愕的情绪如洪水般将我淹没。但我参加比赛已成定局,无法更改。我调整心情,接受了自己将要去参加赛跑的结果,并开始准备参加运动会,我坚信只要努力,自己一定能取得好成绩。那次,我得了第四名。虽然名次并没有达到我的理想成绩,但我已然品尝到了以坚持灌溉的果实的甜美。(坚持让人事半功倍,坚持是一种态度、一种心境,用坚持浇灌的事业是甜美的。)

回顾书中人物的一颦一笑一举一动,我的心灵被深深触击着,克劳迪娅的坚毅依旧在我脑海中徘徊。

是的,她最后成功了。

正如伟大的毛泽东同志所说,"坚持就是胜利"。坚持吧,胜利终将属于自己!

点石成金

坚持就是胜利,这是小作者阅读《天使雕像》这本书后的肺腑之感。这篇读后感,小作者能够对书本内容进行梳理概括,提炼出令自己最感动的经典品质,联系自己的生活实际让我们看到了阅读真正地触及着自己的心灵。阅读吧,胜利终将属于你!

一片用努力换来的面包比一桌继承来的酒席好吃得多。

——〔英国〕狄更斯

生命之网
——《夏洛的网》读后感

学校:平湖市乍浦天妃小学　作者:李唯瑜　指导老师:王似刚

烦闷的午后,窗外的景物仿佛都变得静止呆板,内心的思绪却像这惹人厌的知了一般,聒噪不安。空调凉风阵阵,依旧没有办法让自己平静下来。翻开手中的书本,一页、两页,渐渐地,知了的叫声越来越远……

一张神奇的网正慢慢将我的心捕获,那是《夏洛的网》中小小的夏洛为威尔伯编织的神奇的网。我也试图透过网眼抓住一些我以前从未想到过却又如此重要的真谛。生命的意义究竟在哪里?春天养的小猪,经过一年的饲养,膘肥体壮,将它宰掉,端上餐桌,自古以来就是这样,没有人会有疑问,因为这就是一头猪该完成的使命。我们人的使命又是什么呢?夏洛临终前的话深深地震撼了我:"……生命到底是什么啊?我们出生,我们活上一阵子,我们死去。一只蜘蛛,一生只忙着捕捉和吃苍蝇是毫无意义的,通过帮助你,也许可以提升一点我生命的价值。谁都知道活着该做一点有意义的事情。"(通过和蜘蛛的对比,让我们思考人生,探索生命的意义,追求充实丰满的生活。)人的一生不也应该如此吗?唯有织出一张张充满爱与温暖的生命之网,将我们和身边的朋友、亲人甚至陌生人联结在一起,我们的生命才变得更加丰满,我们的生活才变得更加充实。

最真挚的爱，它就如同蛛网反射的光芒，微不足道却能给予人温暖。那是去年的期末考试，在即将交卷的时候，我发现有一道题做错了。我急忙打开文具盒寻找橡皮，可是翻了一遍又一遍，就是没有它的半点影子。我急得满头大汗，却又没有办法。四下环顾，同学们都在奋笔疾书，我心想，这下完了，彻底完了。越这样想着，越发地急躁了，泪珠已经汇聚到了眼眶，自责、悲伤、绝望一股脑儿涌上心头。就在这时，我的同桌似乎看出了我的窘况，她朝我噘了噘嘴，悄悄地将橡皮塞给了我。见我如释重负，她又朝我调皮地眨了眨眼，我只能报以微微一笑。现在想来，她的一个小动作就像夏洛的那一张网，结出了我与她之间的友情，也结出了我的感恩之心。（夏洛的网就在我们的日常生活中，只要你细细地品味，做个有心人，就会编织出多彩的故事。）帮助他人，快乐自己，当别人有需要的时候，及时伸出援助之手，就这样简单。

合上书本，窗外的知了似乎不那么闹了，烈日下的草木正以我看不见的速度缓慢却有力地勃发着，正如我心中的那一张网，坚韧、美丽。

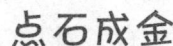

点石成金

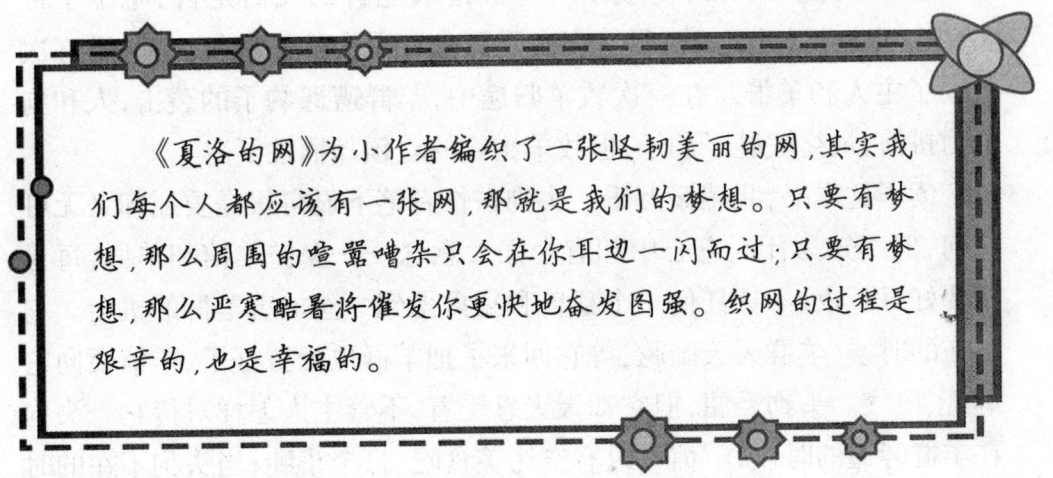

《夏洛的网》为小作者编织了一张坚韧美丽的网，其实我们每个人都应该有一张网，那就是我们的梦想。只要有梦想，那么周围的喧嚣嘈杂只会在你耳边一闪而过；只要有梦想，那么严寒酷暑将催发你更快地奋发图强。织网的过程是艰辛的，也是幸福的。

忠诚铸国魂

——《牧羊狗将军》读后感

学校:嘉兴市南湖区大桥镇中心小学　作者:郝 运　指导老师:纪品意

很多人都说忠诚的高尚和可敬无与伦比,这些人赞美的对象大多是人类,自从看了《牧羊狗将军》这本书后,我第一次感到动物身上也有人那样的忠诚。

书中写的是太行山下的青牛村有一群牧羊狗,这群狗非常勇猛,它们的头狗——一条叫黄黄的大黄狗,那就更厉害了。它带着牧羊狗群,帮助牧羊人看羊下夜,击败了对羊群造成危害的飞禽走兽,吃尽了苦头。它对主人十分忠诚,尽管多次受到主人误会而被鞭打,却三番五次救助了主人和羊群。在一次牧羊归途中,羊群遭遇豹子的袭击,人和狗合力拼搏,最终战胜了豹子,但牧羊狗群的首领却牺牲了。

读了这本书,我感慨万千。头狗在作者笔下显得很是委屈却又无可奈何,但不知为什么它心中却有个强大意念——保护羊倌和羊群,每天都要好好下夜,不让任何一个猛兽和猛禽得到一丝加害羊群的机会。它不在的时候,羊群天天闹腾,等它回来了把羊群也处置好了,羊倌便向它诉苦、出气。头狗委屈,但它却天天忍受着,不管主人怎样对待它。头狗在羊群旁边的时候,羊倌可以有空烤美食吃、打个小盹;当头狗不在的时候,羊倌的眼睛一点儿都不敢离开羊群一眼。最后我终于明白了,牧羊狗的那种意念其实就是它深入骨髓的精神——忠诚!(列举了牧羊狗保

护羊倌和羊群的种种情况，让我们更真实地感受到它的忠诚。）

　　古人云："人无忠信，不可立于世。""不信不立，不诚不行。"拥有忠诚的人，无论在什么情况下，都会受到人们的赞美；拥有忠诚的人，其人格会得到升华。古往今来，我们中国有着许许多多像牧羊狗那样忠诚的人。

　　忆往昔，关羽为了刘备而不屑曹操的利诱，千里走单骑；赵云单枪匹马救阿斗，体现他对少主的忠心；韩信本可推翻刘邦自立为王的，但他宁愿被杀！

　　看今朝，2015年8月12日，天津港消防支队五大队接到火警后第一批赶赴火场，遭遇爆炸，25名消防员集体牺牲。在逃离危险和救护人民生命、财产面前，他们毫不犹豫地选择了后者，这就是忠诚！当我们家家户户围着火炉或是坐在舒适的空调房间团圆时，却有那么多解放军战士为了祖国的安定、人民的幸福冒着严寒、顶着烈日镇守边疆，这亦是忠诚！我们能避免战乱、幸福生活，是因为我国新型战机、载人航天飞船能安全起飞、返航、护疆，是因为我们有一批技术过硬、能力超群的试飞员、宇航员和科学家！他们舍小家为国家，将生死置之度外，为我国科技的发展做出了不可磨灭的贡献，这更是忠诚！（往昔和今朝典型的事例让我们看到了自古以来"忠诚"两个字深深地印刻在了我们的民族之魂中。）

　　《牧羊狗将军》让我见识了动物的忠诚，身边人的忠诚同样感动着我。忠诚不谈条件，忠诚不讲回报，忠诚是一种义务，忠诚是一种责任，忠诚是一种操守，忠诚是人生最重要的品质。作为新一代的少年，我们更应该秉承这一传统美德，从自身做起，不断丰富自己的知识，为建设更加强大的祖国努力奋进！

点石成金

《牧羊狗将军》这本书让小作者见识了动物的忠诚，也让小作者联想到了古今中华民族的一些忠诚之士，他们用自己的高风亮节铸就了民族的精神。这篇读后感在列举事例的时候，能够突出重点，选取与中心有关的内容重点描写，凸显了忠诚铸国魂这一情感主题。

心灵小站

我们若凭信仰而战斗，就有双重的武装。
——〔古希腊〕柏拉图

坚持,是胜利的资本
——读《马云传:永不放弃》有感

学校:杭州师范大学经开附小樵李校区　作者:陈馨雨　指导老师:王建华

坚持是什么？坚持是永不言败的勇气,坚持是永不放弃的目标,坚持是不轻易认输的决心! 只有坚持,才是胜利的资本。

——题记

今天,我看了一本令我终身受益的书——《马云传:永不放弃》。这本书给我留下了很深的印象,告诉我凡事都要坚持的道理。

马云,阿里巴巴主要创始人,互联网业最具影响力的人物之一,不折不扣的成功人士。但是你知道吗？ 马云从小就爱打架,导致他的成绩在班里一直是倒数的。一直到高中,他的成绩还是如往常一样,常常是班里的最后几名。但在遇到一位女老师后,事情发生了一点奇妙的变化……

这位女老师眼睛大大的,皮肤白白的,说话也很温柔,给大家讲了一个她亲身经历的故事:"前不久,我在西湖桥上看风景,突然有几个外国朋友走到我的身边,向我咨询杭州的著名旅游景点,当时我就以自己流利的英语和丰富的地理知识与他们对答如流,还得到了他们的赞赏。因此,同学们,你们一定要好好学习地理,不然以后有人问你们一些地理方面的知识,你们不会,可是要丢中国人的脸的。"

　　马云听完之后，心情久久不能平静，一个念头开始在他的脑海中扎根——作为中国人，绝对不能丢国家的脸，大英雄当如是。(马云从小就有报效祖国的宏伟志向，这是他奋发图强、立志学好英语的基点。)此刻，马云终于意识到了学习的重要性，并决定从此奋发图强，好好学习英语。根据马云回忆，正是从那时起，他才不再单纯地只想做"行侠仗义"的英雄，而是要做一个"不丢脸"的中国人。马云开始好好地学习地理、英语以及其他一些科目。于是，他的成绩突飞猛进。但是，马云偏爱英语，数学成绩却差到没法看，偏科十分严重。首次高考的时候，他的数学只考了1分。他听到消息后非常绝望，几近崩溃。没有办法，他只能去做临时工。在工作的途中，他捡到了一本名叫《人生》的书。他看完后，坚定地说："我是绝对不会放弃的！"他又参加了第二次高考，可他的数学还是只考了19分。他受到了很大的打击，只能再次出去工作。可上天似乎不想让他失望，让他再次捡到了一本《排球女将》。他看后，再次坚定地说："我是绝对不会放弃的！"第三年，他更加发愤苦读，最终，他考上了大学。(马云的阅读经历告诉我们，大凡有作为的人都有一段不凡的阅读经历，正如马云，在阅读中汲取了精神的力量。)

　　看完马云的故事，我心潮澎湃，马云经历了那么多次失败，却永不放弃，这种可贵的精神正是我最应该学习的。我的思绪不由飘回了去年的9月……

　　我曾经想学拉丁舞，因为电视上那些舞者的舞姿是那么灵动、热情、奔放，深深地吸引了我。我萌生了学跳拉丁舞的念头，甚至我梦想着，有一天我也可以在聚光灯下自如地旋转、跳跃，然后迎接大家暴风雨般的掌声与羡慕的目光。于是，我恳求妈妈为我报了兴趣班，还精挑细选给自己买了一套漂亮的拉丁舞服，幻想着自己早日学有所成。一开始，我满怀期待、兴致勃勃地去上课了。一见面，漂亮的舞蹈老师那挺拔的姿态、自信的神情，更加深了我对拉丁舞的喜欢。老师做了简单介绍后，让我们先做基本功练习——压腿。看老师轻松自如地做完了一组动作，我也信心满满。可我一把脚挂上练习杠杆，一阵撕裂感就从大腿、膝盖后面传来。我忍不住就把脚放了下来。"怎么这么疼啊！"我不禁有些气馁。漂亮的老师却一点也不温柔地再次把我的脚挂在铁杆上，用力把我的身体往下压，一边压一边说："用力，要把腿上的韧带拉开。"我觉得我全身都在颤抖，那两条腿似乎已经断了一般。这疼痛感让我一下子失去了继续学习拉丁舞的勇气与毅力。突然，一个念头在我脑中萌发："我还是不学了，这拉丁舞学了只会给自己增添伤口……"

收回思绪，我转头看到了被我扔在一旁的拉丁舞服，它那么安静地躺在衣柜的最隐蔽处，原本鲜艳的色彩与闪亮的亮片装饰，似乎都已经蒙上了一层灰，失去了它应有的光鲜亮丽。它像一个委屈的孩子，在哭诉主人对它的冷落，更像一位智者，向一个蒙昧的孩子传递些什么。(对表演服拟人化的描写，可以看出此时小作者愧疚无比的心情。)我看着封面上马云的笑脸，突然产生了一种力量，我快步走过去，拿起拉丁舞服，重新换了上去。离上一次穿已经整整过去了一年。我穿好衣服，将脚架在窗台上，开始重新压腿。剧烈的疼痛感毫无意外地袭来，我咬紧牙关，用力往下压。眼泪在眼眶里打转，但我始终没让它滚落下来。我对自己说："别轻易放弃，想想马云从数学只考1分到成为一名大学生，靠的是什么？无非是刻苦罢了，无非是坚持罢了。而我只是身体上的这么一点疼痛，怎么能就这么轻易放弃呢？只要我坚持下去，说不定未来真能实现当初的梦想——登上舞台，尽情舞动。"

我为自己当初的轻言放弃而追悔莫及，马云用自己的经历让我明白：面对挫折与困难的时候，我更应该鼓起勇气，拿出我的毅力、耐心来和它打持久战，而不是退缩。

这本书给了我极大的鼓舞，它时刻提醒着我：遇到困难时，不要产生退缩的想法，而是要努力面对，努力坚持，直至克服困难。相信在它的引领下，我以后无论做什么，都会回忆起这本书中的内容，继而生出巨大的勇气去面对、去坚持，去迎接属于我的成功！

点石成金

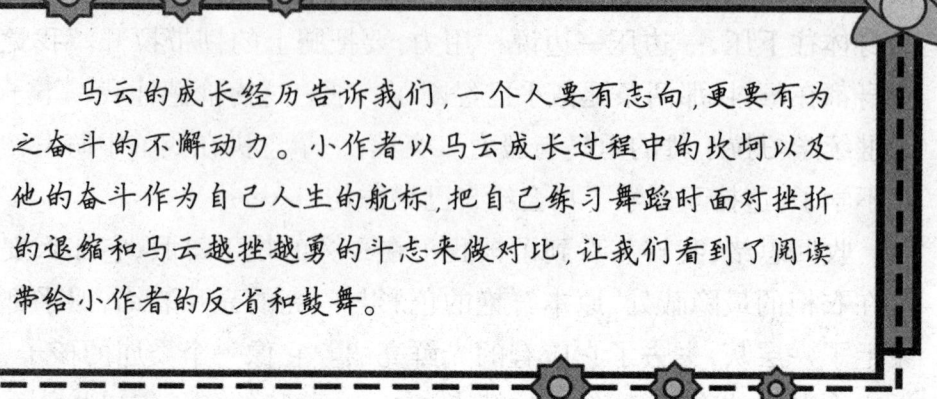

　　马云的成长经历告诉我们，一个人要有志向，更要有为之奋斗的不懈动力。小作者以马云成长过程中的坎坷以及他的奋斗作为自己人生的航标，把自己练习舞蹈时面对挫折的退缩和马云越挫越勇的斗志来做对比，让我们看到了阅读带给小作者的反省和鼓舞。

　　自信心与自尊心是相辅相成的，没有自尊心的人，绝不会有自信心。
　　　　　　　　　　　　——〔英国〕毛姆

轮椅上的科学巨星

——读《不向命运屈服的科学巨星:霍金》有感

学校:海盐县向阳小学 作者:唐婉匀 指导老师:董雪梅

提起霍金,脑海里马上呈现出这样的画面:他一动不动地瘫坐在轮椅上,消瘦而苍白的双手无力地垂落在腿上,身体看起来非常虚弱。

难以置信的是,这样一个身体有缺陷的人,何以能孜孜不倦地探索宇宙的奥秘,做正常人想都不敢想的事情,最终创造出科学的奇迹? 带着疑问,我捧起了《不向命运屈服的科学巨星:霍金》这本书。

不屈的宇宙探索者

霍金并非天生残障,在患病以前,也是个健康的人。他和其他孩子一样上小学、中学,课余修理收音机,拆解时钟。大学二年级时不仅加入了划船队,还担任舵手,经常帮助队友赢得比赛。在牛津大学的最后几个月里,霍金才发现自己的身体出了问题。经过检查,他得的是一种罕见的、尚无法医治的,俗称运动神经元症的疾病。这种病会让患者的肌肉萎缩,渐渐无法自如行动,最后全身瘫痪,并失去语言能力。

霍金也并非天生强者。面对疾病,一开始他也陷入了极度的沮丧和消沉中,靠音乐和酒精麻痹自己。那么,是什么拯救了霍金,让他重获新生?(与其说是科学拯救了霍金,还不如说是霍金顽强的毅力和坚定的信

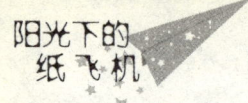

念拯救了自己的命运。）

当然是对科学的热爱、对宇宙的浓厚兴趣,让他从绝望的深渊中爬出来,并且意志坚定地选择了宇宙学作为自己研究的方向。就在霍金不懈探索宇宙时,病魔也在继续吞噬他的身体。他渐渐无法行走,语言能力也开始消退。但是,这些都不能磨灭霍金对科学研究的热情,哪怕是发生气噎,无法呼吸,差点进了鬼门关,也从未停止过。正是这种执念,带来了一场科学的革命——"黑洞会发光""黑洞会爆炸",霍金的理论无疑在科学界引发了大爆炸。

霍金用残障的身体为我们揭开了宇宙的奥秘。他那不屈不挠的精神,值得我们学习。不光是霍金,身残志坚的英雄还有史铁生、海伦·凯勒、贝多芬,他们都勇敢战胜了病魔的折磨,战胜了自我,用热爱点燃了生命之光,用意志奏响了生命的乐章。

不惧权威的挑战者

霍耶是当时宇宙学的权威,霍金一直想成为他的门生,却未能如愿。有一天,一个偶然的机会,霍金读了霍耶的一篇论文,发现了一些疑点,并且以数学计算证实了霍耶的错误。在霍耶发表演说时,霍金毫不畏惧地提出了自己的质疑。

霍金当时不过是一名研究生,却敢当众向科学界的大咖挑战,不是很有勇气吗? 这种敢于说实话、不畏惧权威的精神难道不是很可贵吗?

《朗读者》第二季中有一期的朗读者是古鱼类学家张弥曼。她也有着和霍金一样不惧权威的可贵精神。张弥曼先生研究杨氏鱼头颅后,得出杨氏鱼头颅没有内鼻孔,这一论断引起轩然大波。因为她的导师雅尔维克是当时瑞典的权威,认为总鳍鱼类是四足动物的祖先,它们有内鼻孔。董卿问:"面对当时的权威,害怕吗?"张弥曼先生说:"没有,学位不拿就不拿了,有什么了不起!"（能够从霍金敢于挑战权威联想到张弥曼不惧权威的可贵精神,真好。）

积极乐观的生命舞者

身体尚未出现大问题时,霍金喜爱跳舞,太正常不过了。可是瘫痪后的霍金依旧热爱跳舞,是不是觉得有点疯狂呢? 他怎么跳呢?

有一次,参加完《时间简史》的新书发布宴会后,他注意到邻近的房子里在开舞会,竟然驾驶着电动轮椅,一头冲了进去,跟着音乐的节拍,兴致盎然地跳起舞来,一直跳到凌晨才心满意足地离去。

一般人生了病,除了伤心难过,就是唉声叹气。霍金则不然,该跳舞就跳舞。腿脚有力时,用脚跳;瘫坐轮椅时,转着椅子跳。看着这样开心忘我的霍金,忍不住要为他拍手叫好。有人问霍金,怎么保持乐观的心情,他说,我的身体残障了,绝不能让心理跟着残障。

轮椅上跳舞的霍金,跳出了他对疾病的藐视,跳出了他对生命的热爱。

2018年3月14日,霍金——这个写出了《时间简史》的人,这个最了解时间的人,永远地被时间带走了。

时间能带走霍金的躯体,但带不走他的精神。我们读《不向命运屈服的科学巨星:霍金》,我们读《时间简史》,我们也会如霍金一样,砥砺前行……

点石成金

　　《不向命运屈服的科学巨星:霍金》这本书,让小作者充满正能量,激发了砥砺前行的勇气和力量。读完小作者的文章,我们也看到了小作者充满了对霍金的敬仰,对他的不屈、不惧、不悲肃然起敬。这篇读后感,小作者能从三个不同的角度层层递进地发表自己的阅读感受,足见小作者阅读的深入程度。如果最后能够再续上一个结尾,那就会更加完美。

心灵
小站

　　在暗淡的日子里,不要让冷酷的命运窃喜;命运既然来凌辱我们,我们就应当以泰然处之的态度来对付。

——〔英国〕莎士比亚

与书为友　希望相随

——读《岛上书店》有感

学校:嘉兴市实验小学　作者:黎思含　指导老师:吴丽佳

　　暑假的一天,我把留了七八年的长头发剪短了,我感觉失去了身上非常重要的一部分,仿佛失去了一个陪伴多年的老朋友一般。这似乎是我有生以来遇到的最伤心的一件事情了。一下午之后,我还是边想边后悔边哭。妈妈对我说,她正在看《岛上书店》,她把其中一句话改一下送给我:每个人的生命中,都有最艰难的那一刻,将人生变得美好而辽阔。那一刻,我想到了曾经在书上看到的"青丝行动"……那一刻,我也对《岛上书店》充满了好奇。(开头从剪发这件小事入手,有新意。)

　　我终于抽时间读完了这本书。书的主人公是A.J.费里克。他和妻子在一座与世隔绝的小岛上开了一家书店。但是,他的妻子不幸因车祸去世了,书店的生意也变得萧条,他唯一的宝贝藏书《帖木儿》也被盗了。他的人生陷入了绝境,内心变得像一座孤岛……事情发生转机是他有一晚发现了一个被遗弃的、他书店里的女孩——玛雅,他收养了她,教她读书,给了他父爱。后来,他遇到了图书推销员阿米莉亚,有情人终成眷属,一家人幸福地生活在书店里……

　　这本书中,令我感动的是,所有的一切都和"书店"联系在一起,和"书"联系在一起。费里克和妻子开书店时,过着幸福的生活。玛雅的出现,可能也是因为遗弃她的妈妈觉得开书店的人定是善良的吧。小玛雅

在费里克的照顾下,读了很多很多的书,小小年纪就能用书中的知识来面对生活中的很多事情。而费里克和阿米莉亚的相识、相知和相爱,也是因为"书",书让他们成为了亲密的家人。书店,也一直是岛上居民的精神寄托……书中有这么一句话:"我们读书,因为我们孤单,我们读书,然后就不孤单。我们并不孤单。"书中,书店的存在和读书的习惯,让书中的每个人拥有了人生的美好历程。而书外,我这个因为剪掉长发而闷闷不乐的人,似乎也因此感受到了书带给我的爱意,当我沉浸在书中的时候,我已经完全忘记了自己的悲伤。我开始找之前看的书,找到那个隐隐约约让我记得的"青丝行动"。我惊喜地发现,我剪下的长发,真的可以通过邮寄的方式,捐赠给上海外国语大学的"青丝行动"社团。(在读书中回环联系开头,自然勾连,书与生活紧密联系。)他们会对头发进行加工、处理,制作成假发,然后再捐赠给那些得了癌症放疗、化疗之后掉发的病人,让他们重新燃起生活的希望……我仿佛看到我陪伴他们走过人生最艰难的时光……

我记住了一个美丽、动人的故事,我感受到了人生的救赎与转化。它也提醒了我们每个人,我们每个人都有爱与被爱的能力,在我们陷入绝境的时候,爱给予我们前行的希望和力量。让我们多读书吧,每一本书都是一个世界。让我们与书为友吧,书让我们不孤单,书丰富了我们的精神世界。

点石成金

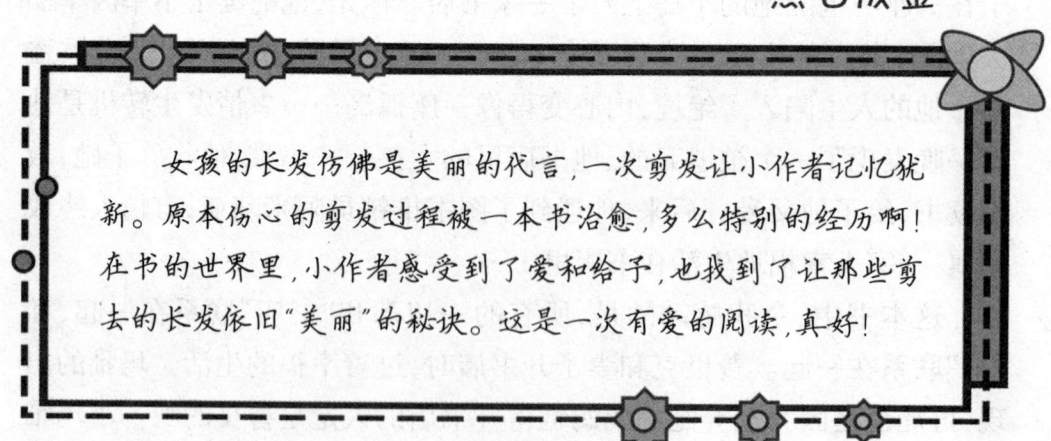

女孩的长发仿佛是美丽的代言,一次剪发让小作者记忆犹新。原本伤心的剪发过程被一本书治愈,多么特别的经历啊!在书的世界里,小作者感受到了爱和给予,也找到了让那些剪去的长发依旧"美丽"的秘诀。这是一次有爱的阅读,真好!

不忘初心，铸就精彩

——读《不向命运屈服的科学巨星:霍金》有感

学校:海盐县向阳小学　作者:沈采奕奕　指导老师:王兴龙

在那浩瀚的宇宙空间，繁星点点，深邃无边。面对大部分人都难以企及的宇宙，瘫坐在轮椅中的他，凭着坚毅不屈的意志和非凡的智慧，为人们开启了一扇认识宇宙的窗。他以自己的人生轨迹诠释了"静心之路，独自修行。勿忘初心，方得始终"的真正内涵。

——题记

最近经常在书上、电视上看见"不忘初心"这几个字，习近平总书记在讲话中也多次提到"不忘初心，牢记使命""不忘初心，砥砺前行"……"不忘初心"是什么意思？里面有什么深刻的内涵呢？

不知怎的，在我捧起《不向命运屈服的科学巨星:霍金》一书后，突然想到了这些我一直寻找答案的疑问。作者林满秋的文字通俗易懂而又感人肺腑，慢慢地，我的眼前仿佛出现了这样的情景:一位瘫坐在轮椅上的科学家，他消瘦而苍白的双手无力地垂落在腿上，身体看起来非常虚弱。他脸上的表情却神采奕奕，金属镜框后面那双清澈的蓝眼睛不时地转动着——他就是霍金。一位离死亡如此之近的人，他无法移动身体，却攀上了科学与人生的两座高峰，成为世界科学巨星。我阅读着，思索着……(以联想画面代替文本主要内容的概述，很有巧思。)从他震撼人心的故事中,我明白了:霍金能成为科学巨星正是源于他"不忘初心,砥砺前行"的精神。

要铸就精彩,就得不忘初心

初心,是人生起点的希冀与梦想。

"大概在八九岁时,霍金已经立定志向,将来要成为一位科学家,所以他非常着迷于'怎么会'和'怎么做'这类问题上,并积极寻求答案。"是呀,霍金从小就对科学产生了浓厚的兴趣,小小年纪就已立下要当科学家的志向,这就是他的初心。

"霍金的房间里到处可见电线、胶水、电子小零件、金属片……学校的课本、飞机模型零件不是混在一块,就是散落在一旁。书架上则放着一根根试管。套用霍金自己说的话,他的房间与其说是个乱七八糟的学生书房,不如说是魔术师的巢穴,或是疯狂科学家的实验室。"霍金将自己的书房作为实验室,那些电线与试管在默默地告诉我们,他已经将科学家的理想付诸行动,在摆弄这些器材中,在实验中,他津津有味,如醉如痴,乐此不疲。美好的理想已经在心底扎根,悄悄生长。

读着霍金小时候的故事,我不由得想到达尔文的童年时代,他的初心不正源于对生物的兴趣,源于他想成为科学家的梦想吗?年幼的他把家里的花房、花园和门前大河两岸的绿色世界当成了自己最早的课堂。他喜欢收集各种植物、贝壳和矿物标本。他时常独自坐在河边,静静地注视水下的游鱼……他对生物的了解不断加深,为他日后的成功打下了坚实的基础。可见,霍金和达尔文一样从小立下志向,一样不忘初心,矢志不渝,最终成就了梦想。

初心,是人生起点的希冀与梦想,是我们每个人从小都应该拥有的人生理想。我们在播下"初心"的同时,也播下了希望的种子,拥有了不断前行的内在动力。

要铸就精彩，就得坚韧执着

　　在追梦的路上，总少不了困难和挫折，它们就像一块块绊脚石，让你认识到自己的缺点，鞭策着自己继续向前。霍金遇到了常人难以想象的困难和挫折，他没有放弃，也没有退缩，而是坚韧执着地去面对，迎难而上。

　　"为了弥补数学上的不足，霍金下苦功自修，定期到伦敦国王学院听邦迪教授的广义相对论课程，在牛津最后的那几个月，他发现自己的动作愈来愈笨拙，有时候连系个鞋带都有困难，走路时也经常撞到东西……他却一直不愿意承认自己的身体出了问题，也不告诉任何人，自己默默承受着各种行动上的不便，坚持学习，坚持研究。"我被霍金的言行举止震撼了。想想我们自己，生了一点小病就会停止学习，平时力所能及的小事也不做了，怕苦怕累，有的干脆让父母代劳。想到此，我不由得脸上火辣辣的……

　　更令我感动的是医生宣判他只能再活两年时间时，他虽沮丧过，但他最终调整自我，不是坐以待毙，而是把握最后的时间，回到剑桥继续做研究。他要以拼命工作研究来好好享受生命。

　　是什么力量促使他如此坚强、如此执着？哦，是因为他不忘初心、不忘逐梦！

　　要成就精彩，就得坚韧执着。我不由联想到"达人秀"上的刘伟。弹钢琴对常人都是一件难事，更何况刘伟没有双手。可他给世界创造了奇迹，为了实现自己的梦想，他一遍一遍地尝试，一遍一遍地失败，但他没有放弃。练得脚酸了，他不放弃；练得脚磨破皮了，他不放弃；练到脚抽筋了，他还是不放弃……他通过自己的不懈努力，通过自己的理解和分析，创造了具有自己风格的音乐，克服了常人所不能克服的困难，成就了梦想，成为了感动千万人、激励千万人的达人。

　　刘伟和霍金，他们的成功是因为他们有相同的品质——坚韧执着。

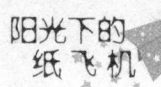

而坚韧执着的追求和动力正是来自于"初心"。

要铸就精彩，就得勇于担当

维克多·费兰克说："每个人都被生命询问，而他只有用自己的生命才能回答此问题，只有以'负责'来答复生命。因此，'能够负责'是人类存在最重要的本质。"一个人能承担多大的责任，就能取得多大的成功！霍金能成功就在于他勇于担当。

"生活的压力让霍金快喘不过气来，除此之外，还有一件更令他担心的事：如果他的病情恶化到无法工作该怎么办？那时候他将失去所有的收入，还要请专人看护，但光是担忧并不能解决问题。最重要的是，他必须未雨绸缪赶快做点什么……"他没有被成功的光环迷惑，他开始了科普书的撰写，这样他既可让更多的人了解宇宙的奥秘，又可以以稿费增加家庭的收入，担当起自己作为丈夫和父亲的责任。这种担当使他能不顾身体的衰弱，一次又一次地写作，一遍又一遍地修改。就是他身上挂满了各种维持生命的机器，命在旦夕的时候，也没停止思索、停止创作。他这种勇于担当的精神使他出色地完成了《时间简史》的创作，赢得了千万读者的心。当《时间简史》的版税源源不断而来时，霍金不再需要慈善机构的帮助，也有足够的钱可以支付护理费用和孩子就学的开支。他心怀感恩，奉献爱心回馈给其他残障人士。哦，他担当起了一个公民的社会责任。

说起担当，我想起曾经在书中看到过的一个故事：1920年，美国一个年仅十一岁的男孩在踢足球时踢碎了邻居的玻璃，人家索赔12.5美元。孩子父亲就借给孩子12.5美元，并让男孩打工还款，这个男孩打工半年还清了借款。他自己犯错，自己承担了责任，这个男孩就是后来的美国总统里根。可见担当是一个人的责任心。担当能成就梦想，学会担当对每个人是多么重要啊！一个人只有不忘初心才能拒绝诱惑，才能把握人生，才能自觉地承担起应有的责任。

感谢作家林满秋编著的《不向命运屈服的科学巨星:霍金》,让我走近科学巨星——霍金。感谢不向命运屈服的霍金,让我明白:要铸就精彩,就得不忘初心;要铸就精彩,就得坚韧执着;要铸就精彩,就得勇于担当!(排比式总结,梳理全文,前后呼应。)

不忘初心,铸就精彩!让我们每一位中华儿女不忘初心,砥砺前行,去实现自己的人生梦想,去实现中华民族的伟大复兴之梦吧!

我暗暗地不时地告诫自己:"静心之路,独自修行。勿忘初心,方得始终。"

——后记

点石成金

读书是慢品细嚼、反复推敲的过程。从这篇文章里能看到小作者字里行间反复品读作品后的细腻和熟悉。他不再单一地围绕某一个方面去再现文中的主人公,而是多角度去解读人物形象,为我们呈现了真实丰富的读后感受。

黑洞也会发光

——读《不向命运屈服的科学巨星:霍金》有感

学校:海盐县向阳小学　作者:姚姝安　指导老师:沈玲琴

一个人如果身体有了残障,绝不能让心灵也有残障。

——题记

一次偶然的机会,我在书店里遇见了这本书——《不向命运屈服的科学巨星:霍金》。霍金的传奇经历,深深地吸引了我。

他斐然的成绩让我惊叹:年纪轻轻就发表了关于黑洞的一番论解,《时间简史》《果壳中的宇宙》等都出自他的笔下。然而,更让我震惊的是,他还有一个特殊的身份:一名渐冻症患者。霍金,这个曾被医生宣判仅剩两年生命的病人,在消沉了一段时间后又东山再起,并创下了比生病前更辉煌的成就。2018年3月,霍金与世长辞,享年七十六岁,足足比当年医生预期的多了五十三年。

这就是霍金,黑洞般的人生,却闪烁着太阳般的光芒!

顽强不屈,是他的"斗争法宝"

在《不向命运屈服的科学巨星:霍金》这本传记里,我真切地感受到了霍金的不屈。正是不向命运屈服的精神,成就了霍金不朽的传奇人生,为人类留下了极其珍贵的财富。

不屈服,这是一种多么可贵的精神!

古往今来,有多少挫折的人生和悲惨的命运,但无论面对多大的困难,只要不向命运低头,命运便一定会垂爱于你:五胡十六国的大燕皇子慕容冲,惨遭灭国后,在秦宫为奴,原本再无翻身之日的他不屈于命运,最终国家失而复得;隋文帝的小女儿兰陵公主杨妡姜,因为测得有火凤命格,被抓进掖庭宫做宫女,备受欺凌,但她不屈服不气馁,最终恢复了大隋公主的身份;从小患脊髓病而下身瘫痪的张海迪,她无法走进校园学习,但她自学所有的课程,并攻读了研究生,成为了一位著名的作家。(从古至今,向我们展现了一张张不向命运低头的面孔。)

人生是一条船,在生命的河流里旅行,没有不受伤的心灵,坚持住,不要沉没,美好的果实会在彼岸等着我们去采撷!生活在和平年代的我们,生活中遇到一点小小的困难没什么大不了,只要勇敢地去面对,坚强地去努力,你会发现,困难在你面前也不过如此。

平日里,娇气的我每每膝盖蹭破了一点皮,受了点皮肉之苦就哭鼻子;每每作业多做几页,就嫌多嫌累发脾气;虽然天天都把"失败乃成功之母"放在嘴边,但若真失败了就没有信心想放弃……试想,如果我依旧这么软弱,会成功吗?遇到挫折就退缩、半途而废的人,必将一事无成!我们要庆幸自己能遇上困难,试问:不经一番寒彻骨,怎得梅花扑鼻香?要知道,坚强不屈,是我们与困难斗争的法宝。

乐观向上,是他的"精神良药"

在《不向命运屈服的科学巨星:霍金》这本传记里,霍金的一句话使我铭记于心:我的身体生病了,不容许心理再生病!

多么富有哲理的一句话,它简单而深刻,平凡而又意味深长。霍金用极其朴素的语言道出了人生路上的一个真理:乐观向上,只要心有阳光,每天都是艳阳天。

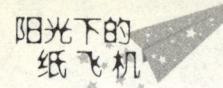

这让我想起了一个小故事。

　　一家卖鞋的企业，经营情况并不好，一位心理学博士给这家企业提出意见：把所有推销员都换成积极乐观的人。公司便派一个悲观者和一个乐观者去一个不穿鞋的小岛一个星期的时间。回来之后，悲观者给出的结论是："这是一个不穿鞋的小岛，公司产品没有任何销路。"乐观者却说："这是一个不穿鞋的小岛，是个蕴含着巨大潜力的经济市场。"回到公司后，悲观者业绩平平，一无是处。而乐观者则一路绿灯，步步高升。

类似的事情，也发生在我身上。

　　那是一次暑假舞蹈表演。舞蹈老师给我安排了四个表演节目，整整一个半月，我都得在家里"待命"。当想到整个暑假我不能去远方旅行，想到我还有许多作业没时间做，想到为何我一个人要跳那么多舞时，悲伤、气愤、不平，各种情绪涌上心头，我甚至对我一向钟爱的舞蹈产生了厌恶之心。妈妈看出了我的小心思，找来了两张白纸，让我在上面罗列跳四个舞的好处与坏处。

好　处	坏　处
1.可以和舞蹈班的朋友每天见面	1.不能去旅行
2.可以让身体更美	2.玩的时间少了
3.比别人会跳更多的舞蹈	3.会很累
4.比别人更多上台的机会	
5.可以保护视力、强健身体	
6.可以学到化妆的本领	

（表格的对比法在生活中值得我们借鉴，遇到困难学会思考分析很重要！）

　　对比下来，我才发现，原来我总是从玩的角度思考问题，看不到辛苦

背后的好处，导致越想越不开心，差点迷失了梦想的方向。

　　生活有时会不公，但乐观可以拯救不公的命运，可以引领人走向光明的未来。有人说：如果上帝关上一扇门，就会为你敞开一扇窗。霍金抛开了身体的病痛，坚强努力，乐观向上，终于通过了命运的考验，找到了窗子，迎来那被眷顾的一刻。

　　霍金用一生的时间研究黑洞，霍金的生命正如充满了负离子的黑洞，而霍金那不屈的信念、乐观的态度，不正是黑洞里与负离子抗衡的正离子吗？哪怕徘徊在死亡边缘，他也不曾退缩；哪怕遇上无力回天的疾病，他也不曾抱怨；哪怕遇到权威的否定，他也敢于挑战。

　　这就是他，一位不向命运屈服的科学巨匠——霍金；这就是霍金留给我们的宝贵财富——黑洞中依然发光的科学精神！

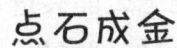

点石成金

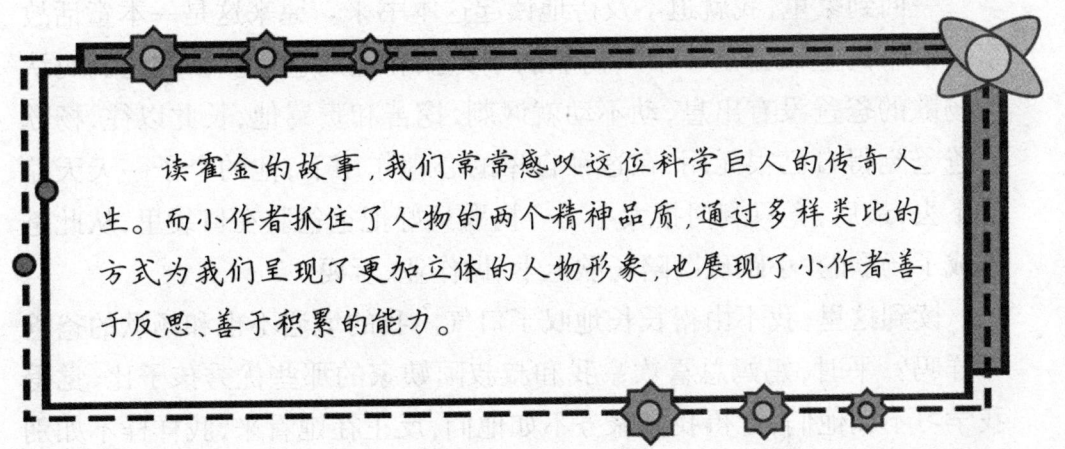

　　读霍金的故事，我们常常感叹这位科学巨人的传奇人生。而小作者抓住了人物的两个精神品质，通过多样类比的方式为我们呈现了更加立体的人物形象，也展现了小作者善于反思、善于积累的能力。

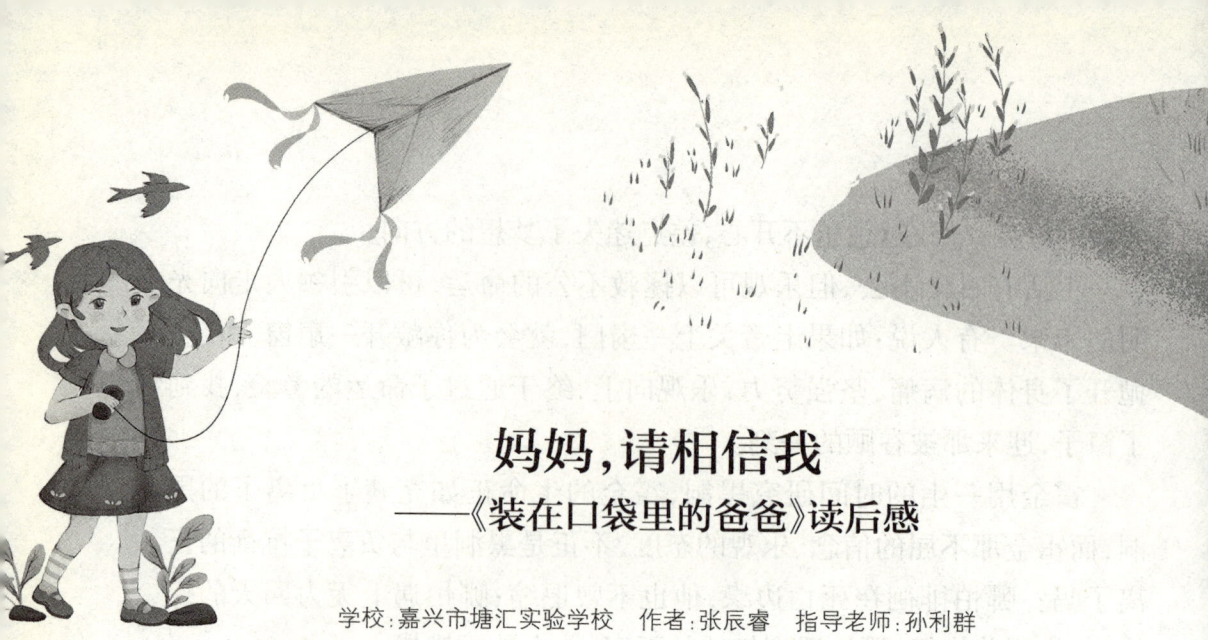

妈妈，请相信我
——《装在口袋里的爸爸》读后感

学校:嘉兴市塘汇实验学校　　作者:张辰睿　　指导老师:孙利群

　　《装在口袋里的爸爸》，当我一看到这本书时，就被深深地吸引了。"爸爸怎么能装进口袋里呢？那口袋该有多大？爸爸该有多小？"……

　　一回到家里，我就迫不及待地读起这本书来。原来这是一本童话故事书。书的主人公是一个叫杨歌的小男孩和他的爸爸。杨歌的妈妈认为杨歌的爸爸没有出息，动不动就讽刺、挖苦和责骂他，长此以往，杨歌的爸爸觉得自己很无用，在这种自卑的心理作用下，他的个子一天天缩小下去，最后，竟只剩拇指大小了。杨歌只好把爸爸装在口袋里，从此爸爸成了杨歌的"小跟班"，陪杨歌上学、做作业、玩耍。

　　读到这里，我不由得长长地叹了口气。我的境遇不也和杨歌的爸爸一样吗？平时，妈妈总喜欢拿我和叔叔阿姨家的那些优秀孩子比，觉得我学习不如他们，觉得我做家务不如他们，反正在她看来，我样样不如别人家的孩子。于是妈妈就总是骂我"你真笨""你真懒""笨到家了"……
（能感受到小作者的无奈与忧伤。）

　　有一首歌中唱道："爱是看不见的语言，爱是摸不到的感觉。"有了爱，才能温暖我们的心，带我们驶过伤心的河流，冲破重重的艰难险阻。妈妈，我知道你非常爱我。为了我，你不顾身体的劳累，顶着风雨，冒着严寒，送我上补习班。我知道你希望我成为一个有出息的人。但是妈妈,你一味地拿我和别人家的孩子比,我真担心自己会和杨歌的爸爸一样自卑,会觉得自己比别人矮了一大截。人无完人,金无足赤,人是各有所长的。(由此及彼的联想,联想到生活中的自己,感同身受。)

不信,你看,杨歌的爸爸变小后发生了许多神奇的事。变小的爸爸制作的"神奇魔药"让杨歌变成了超人,并在全城掀起了一场崇拜风暴。当世界陷入灾难时,变小的爸爸开始了拯救地球的行动……原来,在杨歌妈妈眼里一无是处的杨歌爸爸,是绝顶聪明的。读到这里,我心中有千言万语想对妈妈说:"虽然我知道现在的我不够优秀,有时会做些傻事,可是,妈妈,请你相信我,我一定会努力改变自己,一定会努力做一个让妈妈骄傲的孩子,一定会成长起来。希望你不要总拿我和别的孩子比。"

未来的路还很漫长,充满了未知的艰辛与迷茫,儿子需要妈妈的支持与鼓励。妈妈,请相信我!

点石成金

我们常常困惑,爸爸妈妈的眼中总有一个别人家的小孩比我们优秀,比我们聪明。小作者就深受其扰,在读书的过程中,他与文中的人物形成共鸣,因为他觉得自己在妈妈的眼中是那个比不过别人的小孩。其实所有的父母都是爱自己的孩子的,他们的比较都是出于希望自己的孩子更加优秀的心理。相信小作者的妈妈读了这篇文章后,也会改变激励孩子的方式的。

原来，我一直是被爱的"第一个"

——《永远第一喜欢你》读后感

学校:海宁市南苑小学　作者:赵泽言　指导老师:祝亚艳

　　第一次看到这本书，吸引我的是它的书名——《永远第一喜欢你》。"第一喜欢"，就是"最喜欢"的意思。那么，为什么作者会给这本书取这么有趣的一个书名？我迫不及待地打开书看了起来，渐渐被它吸引住了。

　　书中的主人公，是一个名叫还双南的女孩。她原是独生女，一个人独享父母全部的爱，犹如生活在一个糖罐里。可是有一天，父母决定为她添个弟弟。虽然表面上双南同意了，但其实她很讨厌即将到来的双北，因为这个弟弟会分掉父母许多的爱，她害怕"失宠"。

　　于是，南南做出了反抗行动:和父母冷战，不让妈妈吃中药调理身子，让父母喝酒推迟北北的到来，伤心地离家出走……她这一系列的行动，描写得非常贴近生活，又非常精彩。

　　然而，就在这一次次的"反抗"中，双南竟意外看清了事实真相:周围的每一个人都非常爱她。她的朋友小敏和金圆圆一直照顾她的情绪，给予她友情的温暖;杜老师、小向老师以不同的方式鼓励她;活泼可爱的王子博总是用各种方式逗乐她;外婆、外公、小姨、姨父都温和地爱护她、关注她;最重要的是双南的爸爸妈妈，他们也是一对很不容易的父母，他们无数次地安慰、反省，用真心对南南说出了那句话:"南南，我们永远第一喜欢你!"这短短的几个字表达了爸爸妈妈对南南独有的爱,更安慰了她脆弱的心灵。

是的,虽然添了弟弟,但双南从来没有被分割掉一丝一毫的爱,正如父母所说的:永远第一喜欢你。

读着读着,我沉醉其中。合上书卷,我觉得我就是书中的主人公还双南。我也拥有一个幸福的家庭,我也曾经是爸爸妈妈唯一的掌上明珠,可五年前,家里又添了一名新成员——令我"醋意大发"的妹妹。(读后感受紧密联系自己的生活,过渡自然。)还记得,我曾满心欢喜地等待着我家新成员的到来。可是,她真的来到我身边之后,我却开始"讨厌"她:妈妈总是温柔地抱着她,爸爸下班回家第一件事就是深深地给她一个吻,漆黑的夜晚她能安全地躺在爸爸妈妈中间香香地入睡……于是,我变了,变得不讲道理,变得小气,变成了一个"大嗓门"的姐姐。

假期的一天,我邀请了我的好友来家做客,我热情地拿出了我的"宝贝"和朋友们分享快乐。玩着玩着,忽然从我们中间探出了一个小脑袋,嚷嚷着:"我也要玩! 我也要玩!"并且迅速拿了我的"宝贝"就跑。这时,不知怎么的,刚才那个对待朋友大方友好的我一下子不见了,我追上去一把夺回我的玩具,瞪大了双眼恶狠狠地对妹妹大喊道:"谁让你碰我东西! 你给我走开!"这一切把我的朋友吓呆了,也吓哭了我的妹妹。(神态、语言描写生动,能感受到作者的情绪。)

看完了这本书之后,我开始静静地回想:我到底是怎么了? 其实,妹妹的这些"待遇"我也曾经拥有,随着我渐渐长大,爸爸妈妈依然深深爱我,只是方式不同了,他们对我的爱不仅仅是亲亲抱抱了,他们关心我的学习,呵护着我身心的成长。他们虽然没有像书中的双南父母一样对我说"永远第一喜欢你",但他们无时不刻不在用行动向我诉说着:"我们永远第一喜欢你!"我终于明白:亲人好友都无私地爱着我、关怀着我,他们对我和对妹妹的爱都是唯一的、无与伦比的!

想到这里,长久以来藏在心底的"结"被这本书解开了——原来,我一直是被爱的"第一个"。回头看看独自玩耍的妹妹,忽然觉得她比平时

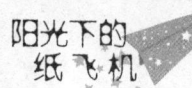

可爱了。看着妈妈的眼睛，我突然感觉到她严厉目光中深藏着的温柔，我的心不禁一热，放下书本，向妈妈奔去。对，我要给妈妈一个淡忘了很久的吻。

点石成金

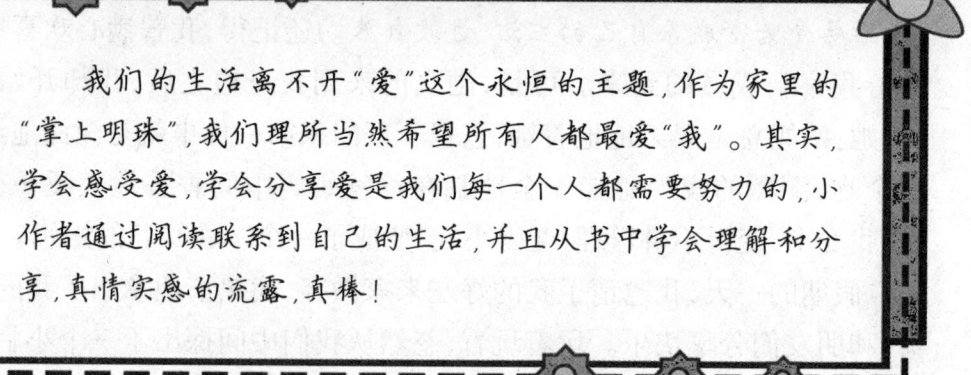

我们的生活离不开"爱"这个永恒的主题，作为家里的"掌上明珠"，我们理所当然希望所有人都最爱"我"。其实，学会感受爱，学会分享爱是我们每一个人都需要努力的，小作者通过阅读联系到自己的生活，并且从书中学会理解和分享，真情实感的流露，真棒！

华丽的外表和有趣的灵魂
——《导盲犬迪克》读后感

学校:海宁市文苑小学　作者:郑彧亨　指导老师:洪海青

　　这个暑假,我参加了班级书友会,借到的书是著名动物小说家沈石溪写的《导盲犬迪克》。

　　这本书主要写了一只叫迪克的狗,因为丑,一出生就被抛弃,遇到了他的主人——瞎子少年阿炯。由于咬坏了茶馆里的收音机,它和阿炯离开小镇,乘地质勘查队的车来到昆明寻找阿炯的亲生母亲。阿炯在迪克的帮助下一曲成名,成了当时的大明星。可迪克的荣耀被一只昂贵漂亮的白狮狗夺去了,最后,迪克杀死白狮狗,和阿炯开始了永远的流浪。

　　让我印象最深的莫过于迪克了。它可以算得上天下第一丑:一副斜眼,鼻梁平塌,无法闭拢的歪嘴边时时淌着又黏又滑的口水,外加一身没有光泽的毛。因为丑,迪克到哪里都只能听见男人的臭骂、威胁和女人杀猪般的惊叫声。我以前读过很多沈石溪的小说,当读到这本书时不禁困惑:这次的主角怎么这样啊?(设疑过渡,先抑后扬。)

　　可读到后面,我对迪克的感觉发生了质的变化,甚至我觉得迪克是一名"美丽"的天使。它为了让阿炯继续卖艺,咬坏了代替阿炯的收音机;妻子母狗红娜在流浪途中暴露出豺的本性,迪克在犹豫之后大义灭亲赶走了红娜;为了筹钱给阿炯治病,它甚至甘愿当武术少年的活靶子……迪克,向读者展现了它善良、感恩、纯洁,如天使般美好的心灵。

是啊,面容丑陋但是灵魂却纯美、有趣的大有人在。翻开中国历史画卷,奇丑无比的凤雏庞统、双手垂于膝下的刘备、耳朵能当扇子的朱元璋、左大腿上长着七十多颗痣的刘邦,历史没有否定他们的丰功伟业。(引用历史上的典型人物群像,充实文本。)

外貌只是一层皮囊,但很多人会被它魅惑。我也是"外貌协会"的一员。我们家曾经养过很多花木,有高贵典雅的蝴蝶兰,有肥美可爱的多肉,有沧桑古朴的榆树,有科学老师发的"魔豆"……它们刚被请进我们家时,个个都是颜值担当。我和妈妈对它们像宝贝一样关爱有加,精致的花盆、上好的肥料,无微不至地照看,可以说得上是"托着怕摔了,含着怕化了"。但不知道为什么,它们美丽的容颜都转瞬即逝,逃不过"短命鬼"的结局。渐渐地,阳台上的空花盆越来越多。唯独剩下阳台半墙上的一盆仙人球。我都不知道它是什么时候来我家的,又是谁把它束之高阁的。灰尘落满了那半截墙,也落满了仙人球。它看上去不是绿色的,而是灰色的,底下隐约可以见到一层暗绿。它的盆是最常见最廉价的塑料盆,下面垫着一个缺了口子的老瓷盘。仙人球斜斜地靠在花盆边上,本来没人注意它,直到有一天,阳台上传来妈妈的惊呼:"这仙人球居然要开花了!"我跑出去一看,果然,"破旧"的球体上伸出三个长长的花苞,一个已经破裂了,露出娇嫩的鹅黄色的花瓣。我惊讶极了:这个千年不浇水万年不施肥的仙人球竟然能开出这么美丽的花朵!后面几天,它天天盛开,惹得全家人啧啧称奇。

虽然它曾经是那么丑,但是它在贫瘠的环境中坚持着内心的梦想,在自己的花期里绚烂绽放。花期过后,它收回了花瓣,更收回了那份华丽,默然回到朴实的原点。面对仙人球,我不免有些惭愧。

无论是导盲犬迪克,还是历代枭雄,或者是那盆仙人球,他们都告诉我:华丽的外表和有趣的灵魂,如果要比的话,我觉得肯定是有趣的灵魂大获全胜。

点石成金

　　小作者由书中迪克这一外表丑陋但内心善良的文本形象入手，紧紧扣住"外表"与"灵魂"孰轻孰重这一主题，为我们层层诠释他自己的阅读感受。他将自己的理解包裹在历史群像与生活小事中，读来既亲切自然又耐人寻味！

一个人的美不在外表，而在才华、气质和品格。
——〔苏联〕马雅可夫斯基

真正的强者

——读《斑羚飞渡》有感

学校:桐乡市实验小学教育集团春晖小学　作者:钟桢熠　指导老师:唐菊萍

真正的强者源于内心的强大。

——题记

斑羚是一种羊,而羊在我的心目中,是一种温顺、柔弱的动物,但是当我阅读了沈石溪写的《斑羚飞渡》这本书以后,对羊的认识发生了翻天覆地的变化。原来羊并不仅仅是温顺、柔弱的,他们也可以很坚强,很勇敢,很伟大。面对书中的斑羚,我心中的敬佩之情油然而生。

我敬佩镰刀头羊,它是一个了不起的领袖。在猎人们的穷追不舍下,一大群斑羚被逼到了伤心崖上。伤心崖是一个陡峭的悬崖,下面是万丈深渊,云雾迷漫,两边的岩壁若隐若现。距离太远,跳不过去,怎么办?斑羚们羊心惶惶,劳累不堪。当猎人们的脚步声、猎狗的狂吠声越来越近时,羊群立刻骚动起来,它们上蹿下跳,惊恐万分。就在羊群生死之际,镰刀头羊想出了一个绝妙的主意,号令老斑羚和年轻斑羚合作跳过伤心崖,在跳跃途中,让年轻的斑羚踏在老斑羚的背上过崖,用老斑羚的死换取年轻斑羚的生。最后,镰刀头羊也用自己的身躯托举了一只小斑羚。年轻羚羊们安然无恙,羊群化险为夷。

我敬佩老斑羚,它们是平凡而又伟大的长辈。当羊群危难之时,在

镰刀头羊的带领号召下，一只老公羊率先走了出来，它选择第一个为年轻斑羚做垫脚板。它的步伐坚定而从容，它的眼神毫不畏惧。它与年轻斑羚一起纵身一跃，小的在上，老的在下。老斑羚在半空用身体作为年轻斑羚的垫脚板，帮助年轻斑羚跳过鸿沟，自己却跌入深渊，消失不见。老斑羚用自己的生命为年轻斑羚架起一座生命桥。（一个眼神、一个动作，细致的刻画将老斑羚的形象永恒定格。）一只只老斑羚协同年轻斑羚相继跳跃，在空中画出一道道优美的弧线。这一道道弧线，让猎人震惊不已。猎人放下了可怕的枪，年轻斑羚得救了。

我也敬佩年轻斑羚，它们没有畏惧，在失去一个个长辈后，它们依然为自己能活下来而喜悦。它们能带着老斑羚的希望继续好好地活下去，繁衍后代，传承生命。总有一天，它们也会变老，也会成为老斑羚，当遇到危急的情况时，它们也会毫不犹豫地献出自己的生命，去保护年轻的斑羚。

斑羚远远没有老虎、狮子的威风与强大，在自然界它们只是弱者。但是它们的勇敢、坚强和无私，却让它们变得比老虎、狮子还强大，它们是真正的强者。

像斑羚这样真正的强者，也在我们的生活之中。

她是一个年轻而平凡的母亲，当看到一个孩子从十楼掉下来时，她毫不犹豫地伸出双臂，接住了不断往下坠的孩子。孩子平安无事，而她的左臂却严重骨折。她用柔弱的双臂接住了一个稚嫩的生命，接住了一个家庭的幸福。她就是"最美妈妈"吴菊萍，一个真正的强者。

他是一个平凡的大巴司机，在高速行车途中，一块铁片无情地穿破挡风玻璃砸中他的身体。在危急关头，他强忍着身体的剧痛，停好车。车上的乘客安全了，而他却牺牲了。他就是"最美司机"吴斌，一个真正的强者。

还有"最美老师"张丽莉，"最美医生"邱海波，"最美警察"，"最美消防员"……他们都是一个个真正的强者。（强者的群像让我们看到了生活中默默坚守的英雄。）

　　真正的强者不在于外表的强壮和威武,而在于坚强、勇敢、无私、无畏的内心。让我们向真正的强者致以最崇高的敬意!

点石成金

　　小作者用三个"敬佩"为我们呈现出书中三种不同的羚羊形象,又用生活中的典型人物呼应"强者"形象。在小作者的娓娓道来中,我们看到了书中的羚羊世界仿佛就是一个小小的社会,它对应着丰富的人性光辉,也为我们展现了平凡中的力量。

唯有脚踏实地，才能让梦想开花结果
——读《我是下一届班长》有感

学校：平湖市广陈中心小学　　作者：周　冰　　指导老师：陆娟萍

　　暑假里，我阅读了《胡小闹日记》中的《我是下一届班长》。这本书语言风趣幽默，贴近我们小学生的生活，读来非常有意思！

　　《我是下一届班长》讲了一个很有趣的故事。主人公胡小闹非常调皮捣蛋，但他却深知：不想当将军的士兵不是一个好士兵，不想当班干部的学生不是一个好学生。于是，在他的心里有了一个"要当班长"的梦想。那怎么才能实现自己的梦想呢？他演讲，立军令状，还"贿赂"同学……真可谓想尽了各种办法，最终"如愿以偿"当上了"班长"。可是这"班长"却仅仅只当了三个小时，就落得个被"罢官"的下场。胡小闹使出了浑身解数，一波三折，还闹出了那么多的乌龙，虽然没有成功成为真正的班长，但却也锤炼了他的心灵，让他的内心变得强大起来。后来，在国学老师的帮助下，他当上了真正的班长，实现了自己的梦想。

　　此刻，我明白了：一个人要想获得成功，要想实现自己的梦想，就一定要持之以恒地不断努力，脚踏实地地做好每一件事，而不是耍小聪明。耍小聪明是实现不了自己的梦想的，即使实现了梦想也不会长久。于是，我暗暗下定决心，不管做什么事，定下目标后，我都要不断地努力付出。

　　我想起了三年级时讲故事比赛的事：讲故事，那可是我最得意的，因为在一、二年级的比赛中,我稳居班级冠军宝座。可这次却不同了,因为又转来了一位新同学,听说她可是原来学校的讲故事冠军呢!"学校冠军、学校冠军、学校冠军……"反复在我的脑中回响。这下,我的冠军宝座可难保了! 我不断地练习自己的故事稿:一起床就练,上学路上也练。还当着妈妈的面练,让妈妈提建议。在妈妈的建议下,对着镜子反复练……但是,我的心里却非常不安,以往的自信没了,练习的效果也不如以前。怎么办? 怎么办? 看来,我的冠军真是没有希望了。(面对强敌,心理活动的描写真实细腻,让人感同身受。)于是,我也和胡小闹不谋而合,想到了"用零食贿赂同学"的绝妙办法。第二天,我拿了足足一书包零食,分给周边的同学,让他们在我讲故事比赛那天,给我投票。不幸的是,这事被班主任老师知道了,狠狠地批评了我一通,还给我讲了一大通的道理,说什么要靠自己的实力,而不是靠这样的虚假拉票……反正当时我只是默默地点头认错,心里却还是很不服。

那件事还是挺圆满的,在我自己的不断努力下,我最终还是坐稳了冠军宝座。(如果能够把最终自己努力的过程写具体就更好了,这样的反转更精彩!)得奖的开心之余,我也明白,要想成功还是要靠自己的付出和努力,而不是靠虚假拉票。

这次读了《我是下一届班长》后,我总算真正明白了:要想获得成功,就一定要靠自己真正的实力,中间肯定少不了付出的努力与艰辛。唯有脚踏实地,才能让梦想开花结果,让我们向着自己的梦想,不断努力吧!

点石成金

班级竞选这个话题想必小朋友们都不陌生,本文的小作者从一本书中的竞选联想到自己的竞选经历,情感上特别真实自然。在叙述中,我们读到了他内心的忐忑不安,也看到了他的努力,像这样贴近我们生活的写作素材是我们需要多多积累的。

心灵小站

想吃果子,至少应该把种子撒下去。

——〔美国〕梭罗

摇曳生命的奇迹
——读《假如给我三天光明》有感

学校:桐乡市高桥实验学校　作者:朱可欣　指导老师:钱镜地

　　有的时候我想,用仿佛明天就会死去的态度来度过每一天,将是一个极好的习惯。这样的态度将会强烈地突出生命的价值。

——海伦·凯勒

　　当我翻动书本的最后一页,直至合上书之后,我的心一直被深深地震撼着。我们打开窗,能看到夜晚的星空如同绣着银线的黑布;听到知了的鸣叫声由远到近,无止无休;说不定心血来潮之时,会随口吟唱几句优美的诗歌。可是她,海伦·凯勒,却感受不到这三种人世间最美好的东西。(情境的描写如此优美,更反衬出海伦无声无色的世界的孤独无助。)她的世界是无声的、黑暗的,她也曾经那样暴躁,直到莎莉文小姐进入她的生活。

　　在莎莉文小姐的指导下,海伦凭着自己坚强和执着的心,创造了一个又一个令人难以置信的奇迹! 她学会了法语、德语、拉丁语,并且还考上了让人梦寐以求的哈佛大学! 为此,她付出了多少努力呀! 一定是常人的无数倍吧! 正是这种坚强和执着的信念使她取得了杰出的成绩。可是我们呢? 什么都不缺,还拥有良好的学习条件,却常常不知足,不知道珍惜。海伦遇到再大的痛苦都能熬过,而我碰到一点鸡毛蒜皮的小事就叫苦连天。与海伦相比，我们实在是幸福太多了，所以，快乐地活在当下吧！

呆呆地望着窗外，静静地沉思着。海伦的一些话依旧回荡在我的脑海："有的时候我想，用仿佛明天就会死去的态度来度过每一天，将是一个极好的习惯。这样的态度将会强烈地突出生命的价值。我们应该怀着温情、活力和深切的感激度过每一天……然而，我们绝大多数人将生命视为当然，我们知道自己有一天将会死去，但是一般人把这一天想象成在遥远的将来。于是我们做着粗心的事情，很少意识到我们对生命无精打采的态度。"

我们活在当下，是如此的幸福、美好。可是我们依然常常会抱怨学习辛苦，不懂感恩。我们就像一个个巨大的婴儿，从爱我们的身体上吸取营养与血汗。我们愿意把时间花费在"抖音"上，我们愿意把时间花费在朋友聚会上，我们愿意把时间花费在电子游戏上，可是我们从来没有想过这些事情是否虚无缥缈，是不是真的对得起生命。(三个"愿意"的情感铺垫加深了反问的力度，引人反思。)难道真的等到失去的那一刻才会去懂得，才会去珍惜，可是那时候又还剩多少时间呢？所以，请感受我们生活的美好，认真做好每一件事情，趁我们还活着，趁我们都还年轻。卡耐基说过，今天就是生命，是唯一你能确知的生命。

与海伦相比，我们是幸运的，因为我们能看见美丽的世界！

与海伦相比，我们是幸运的，因为我们能听见大自然的声音！

与海伦相比，我们是幸运的，因为我们能说出美妙的文字！

点石成金

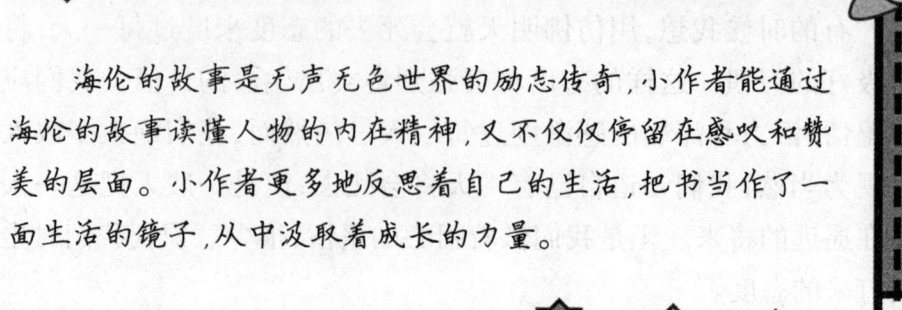

　　海伦的故事是无声无色世界的励志传奇，小作者能通过海伦的故事读懂人物的内在精神，又不仅仅停留在感叹和赞美的层面。小作者更多地反思着自己的生活，把书当作了一面生活的镜子，从中汲取着成长的力量。

逆境是通向真理的第一条道路。
——〔英国〕拜伦

最好的爱，是陪伴！

——读《美金中的爱》有感

学校:海宁市教师进修学校附属小学　作者:李　馨　指导老师:朱海娟

　　"你认真点听行吗？我在给你分析这道题应该怎么理解,你呢?"妈妈朝我生气道。"我会了,你不要再啰嗦啦!"我气呼呼地说着。随后拿起一本书津津有味地看了起来,不再理会妈妈。

　　书中的小故事——《美金中的爱》,深深地吸引了我。这个故事主要讲述了小彼得在一天深夜等待爸爸回家,然后问了爸爸一个小时赚多少钱,爸爸回答是20美元。小彼得向爸爸索要10美元。一开始爸爸不同意并批评了他。第二天一早爸爸还是把钱给了小彼得。彼得随即又拿出10美元,向爸爸买一个小时的时间,希望他今天能早点儿回来,能与彼得一起共进晚餐。

　　看完这个故事,无数的感慨涌上心头,我不禁想到,在我们身边,也有很多像小彼得一样的孩子,渴望父母的陪伴与爱。而很多爸爸妈妈为了事业,加班加点,不能及时回家照顾小孩;有些爸爸妈妈经常出去应酬聚会,和别人一起吃饭喝酒,等回到家,孩子已进入梦乡;还有些爸爸妈妈打牌、搓麻将到半夜甚至夜不归宿,对孩子漠不关心;更有一群沉迷于网络不可救药的"手机族",虽然在小孩身旁,却好像一团空气,对孩子不闻不问,根本不放心上,眼里只有手机,刷微博、逛淘宝、玩游戏,似乎得到一部手机就拥有了全世界。(作者运用排比的修辞手法,写出了孩子迫

137

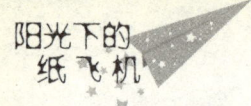

切渴望父母的陪伴。）

　　我忽然想起我们邻居家的小男孩小东，他的父母经营着一家棋牌室，他们忙于生意根本无暇顾及小东。很小的时候，小东只有跟着爷爷奶奶，上小学后学习越来越难，于是放学后父母把他送到培训机构的晚托班里。小东一早到学校，放学后被老师接走到晚托班完成作业，晚上8点由爷爷接回家洗洗就睡了，第二天小东起床去上学的时候，他的父母由于前一天到半夜才回家所以还在睡觉。这样循环往复，有时小东整整一个星期都见不着父母的面。记得上次我拉着爸爸妈妈的手在小区里散步，小东一直羡慕地望着我，一个劲儿地问他爷爷："爸爸妈妈什么时候回家呀？"（一个"羡慕"看出了小东是多么渴望父母在他身边陪伴着。）

　　我又想起了妈妈曾讲给我听的那个真实的故事，那个和我差不多大的刑警的女儿朵朵，她写下的"爸爸，你再不陪我，我就长大了"又一次清晰地浮现在我眼前……

　　小东和朵朵是多么渴望爸爸妈妈的陪伴呀，而我享受着父母的关爱却不知珍惜！我望望妈妈在厨房里忙碌的身影，想到刚才我恶劣的态度，眼泪不争气地流了下来。我明白了，原来，我一直被幸福包围着：妈妈是一名老师，工作很辛苦，但是她会很早起来帮我打理好一切送我上学，下班后又赶来接我放学，这就是幸福；爸爸每天下班后买我喜欢的菜烧好饭我们一起共进晚餐，这就是幸福；睡前和爸爸妈妈一起在温馨的灯光下宁静地看书，这就是幸福；周末和爸爸妈妈一起快乐地逛商场去图书馆，这也是幸福！而这么简单的幸福对很多小朋友来说却是奢望！

　　想到这里，我拿起原先的作业本，轻轻地走到妈妈身边，扯扯她的衣角说："妈妈，这道题再跟我讲一遍吧！我还不是很清楚！"妈妈赶紧放下手中的活："来，我看看……"

　　亲爱的爸爸妈妈们，让出点时间给孩子们吧！他们需要你们的陪伴。

　　父母对孩子最好的爱，便是陪伴！

点石成金

　　行文流畅,首尾呼应。通过一个个事例写出了孩子对父母陪伴的渴望。联系自己的生活实际,在对比中让我们体会到父母的爱,也明白了孩子的心声。愿作者的呼吁能打动所有父母的心。陪伴,是父母对孩子最好的爱!

　　慈母泪,有化学分析不了的高贵而深厚的爱存在其中。

——〔英国〕法拉第

做个有韧性的人
——读《鲁滨孙漂流记》有感

学校：海宁市盐官镇中心小学　作者：贾怿翾　指导老师：张宁洁

　　做人，就要做个有韧性的人。没点韧性，你怎么敢期盼成功？就如约翰逊所说的："成大事不在于力量的大小，而在于能坚持多久。"要坚持得久，考验的正是你的韧性。道理很浅显，要做到却极为不易。但英国作家丹尼尔·笛福笔下《鲁滨孙漂流记》中的主人公鲁滨孙，却真正做到了。

　　信手翻开《鲁滨孙漂流记》这本书，随着作者的文字，我仿佛登上了鲁滨孙漂流到的那座孤岛。我看到的是原始森林，看到的是荒无人烟，看到的是鲁滨孙身上除了一把小刀、一支烟斗、一小盒烟叶外，别无长物。(作者用排比的手法写出了鲁滨孙所处环境之险恶。)虽然真的已到了山穷水尽、一无所有的窘境，但我们的主人公——鲁滨孙，却凭着他的智慧和勤劳、勇敢和乐观，一次次排除万难，一次次创造出奇迹。每一个奇迹的创造都源于他的一个信念——我要活下去！活下去！活下去！为了这个信念，他把自己的那份韧性发挥到了极致，不光把他在荒岛上的生活过得有滋有味，最终还回到了自己所熟悉的世界。

　　鲁滨孙为了"活下去"这个信念，一直秉持着那份韧性，不轻言放弃。因为没点韧性，轻易放弃，那你也就输给了命运。记得瑞典有一位化学家在海水中提取碘时，似乎发现了一种新元素，但是面对烦琐的提

炼与实验,他退却了。当另一化学家用了一年时间,经过无数次实验,终于为元素家族再添新成员——溴而名垂千古时,那位瑞典化学家只能默默地看着对方沉浸在胜利的喜悦之中。可见人真的要活得有点韧性。(用具体事例进行对比,说明人要活得有点韧性。)

生活中的我们都要有这份韧性,才能有所收获。就像今年暑假我小提琴考级,需要背曲谱,整个考试曲目有六首曲子,最长的外国乐曲有四页之多。一开始我觉得很难,我肯定背不出。离考试只有一个星期了,在小提琴老师的督促声中,在妈妈的质疑声中,我觉得自己快要坚持不下去了,我沮丧地提出不要考了,因为实在是太难啊! 妈妈无计可施,就把我的手机、电脑都没收,承诺我什么时候背出来就什么时候还给我。空荡荡的房间只有小提琴,闷得让人发慌。就在此时,我想到了鲁滨孙,他漂流到荒岛,在那么恶劣的条件下都能坚持住,化腐朽为神奇,我为什么不能呢? 对,我也可以的! 于是我就调整每天的练琴时间,从原来的一小时改为四小时,有几天甚至达到八小时,手指磨破皮也忍痛坚持。终于,这股韧劲,让我顺利通过考试,成绩还出乎毕老师的预料,排在前三名。

荀子说:"骐骥一跃,不能十步;驽马十驾,功在不舍。"要"不舍"就得靠韧性,谁的韧劲强,谁就能坚持到底,谁就会笑到最后。所以,做人就要做个有韧性的人,与君共勉!(回应开头,首尾呼应。)

点石成金

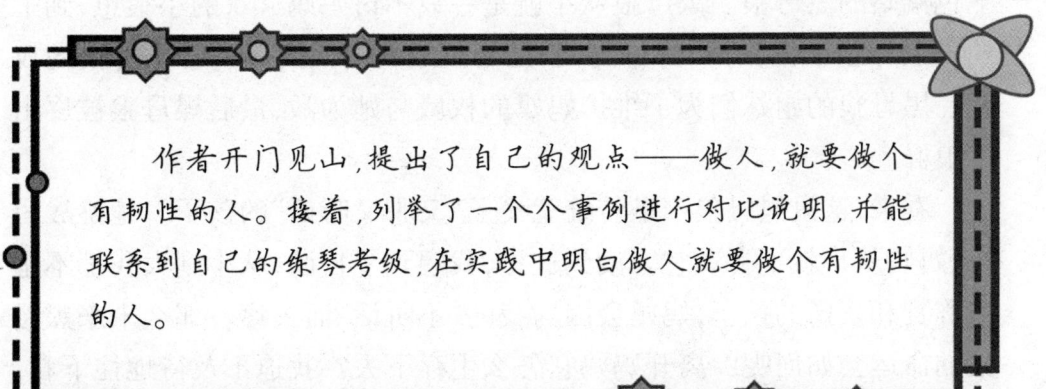

　　作者开门见山,提出了自己的观点——做人,就要做个有韧性的人。接着,列举了一个个事例进行对比说明,并能联系到自己的练琴考级,在实践中明白做人就要做个有韧性的人。

所有的磨难,终将成为年轻宝贵的财富
——读《绝境苍狼》有感

学校:海盐县向阳小学　作者:顾嘉恬　指导老师:王兴龙

　　我从小听着《三只小猪》《小红帽》这些关于狼的故事长大,觉得狼就是凶狠、残忍的代名词。那时睡觉都会害怕地问妈妈,大灰狼会不会来? 现在想想自己小时候真的很好笑。慢慢长大的我阅读了越来越多关于"狼"的文章,对狼有了比较全面的了解和认识。暑假读罢《绝境苍狼》,引发了我对"狼性"更多的思考。

　　勇于挑战、追求自由、顽强坚韧、富有智慧,对未来充满希望,是我对"狼性"的解读。

　　故事的开头描述了狼是以家庭为单位生活的,而故事的主角是一头毛色偏暗的黑母狼。黑母狼从小就是一只不讨妈妈喜欢的小狼崽,到了两岁黑母狼个性张扬、身材高大,处处挑战她的妈妈——带头母狼的权威。黑母狼的姐妹们为了维护妈妈的权威与她为敌,最后黑母狼被逐出了狼群。

　　看来,这只黑母狼不是传统意义上"又乖又听话"的孩子。她挑战妈妈,妈妈从小就不喜欢它。读到这里,我想到了自己,从小到大我都不是被称赞和表扬的孩子,妈妈会因为我的"不听话"而头疼。那么未来黑母狼的命运会如何呢? 离开妈妈它怎么生存下去? 我迫不及待地往下看,好像是迫切想知道自己的故事一样。

黑母狼离开了狼群并不害怕,反倒对未来充满了信心和勇气,甚至是有些兴奋。从这一天起,它开始踏上独立闯荡世界的道路。

读到这里,我倒吸一口冷气,一个人离家,怎么独立地生活呢?但是我佩服它的这份勇气。

果然,独自闯荡世界并不如想象中那么容易,黑母狼被其他狼群追咬,没有团队捕捉不到猎物,有时候黑母狼只能靠偶尔捕捉到的小动物甚至是捡腐烂的肉充饥。

我的第一感受是:如果黑母狼还是在妈妈的保护下,生活可能会比较舒适。但是,如果黑母狼一直在族群中,又怎么会有属于它自己的精彩故事呢?万事开头难,如果不能勇敢地走出第一步,永远生活在舒适区,怎么能闯出自己的一番天地呢?(一句又一句的反问,让人感受到勇敢地迈出第一步,才有可能闯出自己的一番天地。)我想到了"羊性"与"狼性"的差别,有句俗语说得好:常人羊群性格,强人狼性特征。

"狼性"的人从小胆子大,敢于尝试新鲜事物,别人不敢做的事情,他敢去做。一般人呢,则是"羊群效应"明显,大家随波逐流,安于现状,不肯尝试任何新生事物,怕失败,怕被人家笑话,等到周边朋友先行动,拥有成功经验后,才会跟随,成就感有限。在我的同学中就有这样的人,学校有什么活动、什么比赛,他会毫不犹豫,挑战自己,甚至毛遂自荐。给我印象最深的就是校运动会,我们班的钟浃和五(1)班的姚舒安在百米冲刺中,表现出来的拼搏精神让我感到震撼,从他们"狰狞"的表情和全力以赴的奔跑中,我感受到了一种"狼性",不达终点绝不放弃。可是我却和大多数人一样,害羞、缺乏勇气,考虑良久仍迟迟不愿行动。胆子大,自然机会多;胆子小,机遇也会流失。哪一类人比较容易成功?显而易见。(运用对比,写出了要想成功,就得有"狼性",敢于拼搏。)

后来黑母狼遇到了一只年轻的公狼,黑母狼知道要想生存就必须找到一个能合作捕猎的伙伴,她主动示好,在公狼的身边,四肢弯曲,头部上下活动,表示自己愿意成为对方的狩猎伴侣。他们组建了家庭,还生了五个小狼崽。

　　读着，读着，我心里感到一丝欣慰，觉得母狼终于可以远离那些漂泊孤独的日子，安定下来，有了幸福生活的开始。同时我也为黑母狼的机智点赞，它知道自己在什么样的境遇下该做出什么样的选择。同时我也想到自己，现在我正处于五年级学习的关键时期，如果我还不能认清自己的处境，坚定学习的信念，克服学习中的惰性，很可能后果不堪设想。

　　但是故事一波三折，好景不长，占领这片土地的狼群找到了黑母狼夫妇的居住地，与他们搏斗，黑母狼保护着自己的孩子，只能将全部希望寄托在她的丈夫身上，她机智地将一只小狼藏到吃剩的黄羊胃中。结局是她的丈夫逃走了，只有藏在黄羊胃中的一只小狼活了下来。黑母狼遍体鳞伤，叼起她唯一的孩子，去寻找新的家园。

　　文章最后的图片深深地震撼了我，黑母狼嘴里叼着小狼崽，眼睛里跳跃着坚毅勇敢的光芒。故事虽然结束了，可我知道关于黑母狼的故事并没有结束，她只是暂时没有自己的家园、没有自己的领地，这是年轻的狼所要付出的代价。我脑海中浮现出一句话："性格决定命运！""狼性"决定了她的命运，狼在残酷的生存竞争中活下来，也确立了原始的草原生态链生存方式，成就了强壮彪悍的草原族群。反观羊群，逆来顺受，听天由命，每天在山坡上吃草，头羊往哪里走就跟着往哪里走，从不思考自己该走什么样的路，几条猎狗就可以把几十、上百头羊管理得服服帖帖。羊在受到狼的攻击时，连向同伴发出预警的叫声都不敢，如果满足于风平浪静、平平庸庸，这样的一生也注定是暗淡无光的。黑母狼虽然为自己的自由、独立付出了惨重的代价，但这将成为它生命中宝贵的财富，它还可以满怀希望，迎接美好的明天！

　　今后，我要努力使自己富有智慧，在实践中锤炼自己独立的性格，弘扬"狼"的精神，勇于挑战、顽强坚韧、永不放弃！

作者文笔细腻,文学功底好,构思巧妙。能边读边想,联系着生活中的点点滴滴,同学间的、自己的;能深入思考,感悟人生,明白了做人就要有"狼性",要勇于挑战、顽强坚韧、永不放弃!这也深深感染了读者,带来满满正能量!

追求生命的竞争,占据了所有的生物,且维持着他们的活动。

——〔德国〕叔本华

成功的背后

——《居里夫人》读后感

学校:海盐县向阳小学　作者:富　友　指导老师:王　晗

我们必须有恒心,尤其要有自信力!

——题记

居里夫人,一个震撼全世界的名字,一位伟大的法国女科学家,她朴实的身影,被一代又一代的人所铭记,她激人奋进的故事,也被人们一遍又一遍地传颂。

当我怀着敬佩的心情,读完了《居里夫人》这本书时,我深有感触,感觉终于找到了人生的楷模、生活的榜样。居里夫人的一生,对我有太多太多的启示。

居里夫人生长在波兰。她出生在一个有七口人的家庭里,她家境贫寒,但她从小乐观、勤奋好学,并以优异的成绩读完了中学,她靠打零工上了大学。在研究"镭"的过程中,她忍受着失去丈夫的痛苦和"镭"辐射的危害,在破旧的研究室里不辞劳苦,最终取得了胜利,为她的祖国赢得了荣誉,为人类的进步做出了贡献。

读完这本书,我的收获之一是"相信真理"。居里夫人有着极其认真的工作态度,她也非常谦虚,不骄傲自满,再看看我……有一次语文考试,我取得了一个好成绩,就有点飘飘然了,在同学面前不停地炫耀,还

146

骄傲地说，我考了这么好的成绩，你们谁也比不上我！（"飘飘然、炫耀、骄傲"，可见小作者的得意。）回到家，我也跟妈妈不停地炫耀，吹嘘自己有多么厉害，现在想起来真是羞愧。自己取得了一个好成绩就这么骄傲，而居里夫人获得过两次诺贝尔奖，却未从骄傲过。最让我感动的是她经常做化学实验，手上满是浓浓的化学药品味，洗都洗不掉，从这里可以看出她对待工作非常专注、认真。可我在学习中，有时候就囫囵吞枣、稀里糊涂地过去了。今后我要向居里夫人学习，改进学习方法，在学习上不能有丝毫的马虎和松懈。（对比自己和居里夫人的学习态度，明白了在学习上不能有丝毫的马虎。）

我的收获之二是"不怕吃苦"。整本书中，最让我感动的是居里夫人在巴黎求学的那一篇。当时她居住在一间阴冷的小阁楼里，每天很早起床，努力学习，一直学到凌晨才睡觉。当时的巴黎正是严冬，而居里夫人只有一床薄被怎敌严寒！每每睡着了却被严寒给冻醒，于是她把所有的衣服都盖在被子上，以取得一点温暖。她当时经济拮据，仅有的一点生活费也只够勉强维持温饱，就这样，她在这么艰苦的环境中为梦想而奋斗。看到这里，我无地自容，真不知道该说什么好。现在我们的生活太舒适安逸了，以至于有些同学都不能好好学习，虽然每个人都有雄心壮志，却拿不出实际行动来。我也希望拥有居里夫人顽强拼搏的那股劲儿，但我知道，有些时候看书看得心潮澎湃、热血沸腾，可放下书后那股热情便减少了一大半。其实，成功的秘诀人人都懂，关键在于能否真正地采取实际行动，持之以恒。事实上，这样的人太少了，所以成功者寥寥无几。

我的第三个收获是"坚持不懈"。这本书最让我感动的一句话是："我们必须有恒心，尤其要有自信力！"自信，是成功的基础，居里夫人的故事告诉我们，探索真理没有捷径可走，有目标就要有行动，行动贵在坚持，只有我们努力、坚持，才能享受过程，享受成功！只要我们踏踏实实，一步一个脚印，有梦想，有付出，就会有回报。《居里夫人》一书，让人百看不厌，相信每一次的品读都会使人受到启迪！

点石成金

从小作者的读后感中可以读到小作者真正走进了书本，把书中居里夫人的一个个故事都牢牢地记在了心里，并且有了自己深深的体会。行文流畅，文笔细腻，把居里夫人不怕苦不怕累的精神淋漓尽致地表现了出来，而且还能联系自己进行对比，是一篇不错的读后感。

科学是将领，实践是士兵。

——〔意大利〕达·芬奇

爱的国度，没有界限
——读《豆蔻镇的居民和强盗》有感

学校:嘉善县惠民小学　作者:徐佳颖　指导老师:孟陈瑜

在这个暑假,我与一本意义丰富的童话故事书《豆蔻镇的居民和强盗》交上了朋友。刚拿到手时,我就被封面上的童话世界吸引住了。两个人站在豆蔻镇的塔楼上,楼下一家三口牵着一条小狗向上观望着。这本书会描述一个什么故事呢? 于是,我就开始日以继夜地读了起来……（可见小作者对这本书是多么的感兴趣。）

看完了《豆蔻镇的居民和强盗》,我发现书里的内容非常丰富,穿插着许多感人又有趣的小故事。这本书描绘了一个本来就不存在的国度,但在这个小镇上,警察不像警察,监狱不像监狱,强盗不像强盗,连小小的鹦鹉和小狗都被赋予了人类的气息,充满了善良的本色。

在书本里,有三个强盗,他们好吃懒做,不讲卫生,常常到镇上的面包店和香肠店偷窃。有一次,镇上的塔楼失火,他们爬塔救火立了功,让人们刮目相看。人们便按照他们各自的长处,给他们安排了正当的职业。一个当了消防员,另一个当了面包师,还有一个当了马戏团班主,成了自食其力、自由快乐的公民。豆蔻镇的一砖一瓦、一草一木,似乎都浸润着关于"真善美"的仙露琼浆,似乎只要生活在这个小镇里,总能被这些居民的善良所感染,所以贾斯佩、哈士贝和乐纳丹被逐渐感染和被彻底感化也是在所难免的。

《三字经》里说:"人之初,性本善。"我相信,世上的人心都是善良的。我想,豆蔻镇的居民们对于"什么是幸福"一定体会深刻吧。幸福是自己争取的,是自己创造的,更是互相给予的。在生活中,我们对待他人要有一颗善良的心,要用善良和爱去帮助那些犯过错误的人,让他们改邪归正;要用一颗善良的心,去感化身边身处困境的人,让他们重新找到自信;要用一颗善良的心,去温暖深陷悲伤的人,让笑容重返他们的脸上。(作者运用排比的手法让我们明白了在生活中我们该如何对待他人。)

《豆蔻镇的居民和强盗》描绘的是一个虚拟的国度,但是"爱"是博大的,是没有国界的。爱,是可以跨越物种的。无论是人还是动物,对美丽、善良的发掘和期待是世界大同、人心所向的。于是,我把微笑带给每天我遇到的陌生人,我把时间奉献给需要帮助的同学,我把休闲娱乐换作给爸妈打扫卫生……我相信,只有真心付出与对待,才会让他人感受到真挚的温暖和情谊,我们生活中的正能量才会蔚然成风,我们的社会才会更加美好。

爱的国度,没有界限,我们都需要爱,我们也要付出自己最微小也最伟大的"善良"。

点石成金

作者深入这本书,读得非常细致,感悟也是颇深。作者用简洁的语言概括了故事的主要内容,抒发了自己的感想——"爱的国度,没有界限"。从豆蔻镇的居民联系到了我们生活中的每一个人,希望我们都有一颗善良的心,帮助每一个需要帮助的人,让我们一起来宣扬这种正能量吧!

三国演义之乱世残象
——读《三国演义》有感

学校:嘉善县实验小学　作者:蒋宸骏　指导老师:万　斌

　　中国古典四大名著之一——《三国演义》,此书问世数百年,影响了一代又一代的读者。(可见此书的影响力之大。)今天当我再次翻开这本书时,心中那如波涛般汹涌的感受真是溢于言表,无法形容,近两千年前的乱世之景又展现在眼前,我仿佛置身其中,感受着那战事中的彷徨和振奋。

　　《三国演义》细腻地刻画了从黄巾起义到天下归晋的浩瀚历史风云。罗贯中以虚实结合的笔墨,描绘了一个个大大小小的国家之间的明争暗斗、尔虞我诈,诉说了东汉末年群雄割据以及吴、蜀、魏三国之间的政治和军事斗争,塑造了众多叱咤风云的英雄人物。在广阔的历史舞台上,上演了一幕幕气势磅礴的战争场面。

　　《三国演义》,政治家读它的权谋,军事家读它的韬略,而普通人则视桃园结义为千古佳唱,从而纷纷效仿。书中英雄人物之间的文武对决更令人叹为观止。不论是一骑当先、万夫莫敌的赵云,还是满腹文采、运筹帷幄的孔明,或者是老奸巨猾、崇尚权术的曹操,这一个个杰出人物的雄才伟略无不令我们折服。

　　《三国演义》中,最具代表性且花重笔墨描写的人物应该有诸葛亮、曹操和刘备等。先说说曹操吧,"宁教我负天下人,休教天下人负我",一代乱世枭雄，以此桀骜不驯的性情，载入了史册；刘备，一生放不下"仁义"二字，做事瞻前顾后，畏畏缩缩，虽冠以很多"仁慈""道义"之美名，很多却是以自己的城池和士兵的性命换来的。而孔明应该是让所有人都敬畏的一个人，他已然是智慧和忠诚的一个代表了，"鞠躬尽瘁、死而后已"八个字，完完全全是他后半生的写照。为了报答刘备当初的三顾茅庐，他奉献了他的所有，可见他人格魅力之高。

还有一个不得不提的人物，那就是关羽，此人只能沦为一流武将、二流人物，乱世之中视众诸侯为草芥。虽然人们都说他大义凛然、义薄云天，但他的傲慢狂妄注定了刘备的失败。若他当时没说"吾虎女安肯嫁犬子"，或许以诸葛亮的谋略是可以击溃曹军的。现在，关羽被世人尊称道义之神，实在令我想不明白。

罗贯中的《三国演义》，洋洋洒洒几十万字，将三十六计融于字里行间，把东汉末年的"乱世纷争""割据残象"呈现无疑，让我每逢拿起都有无限感慨！

点石成金

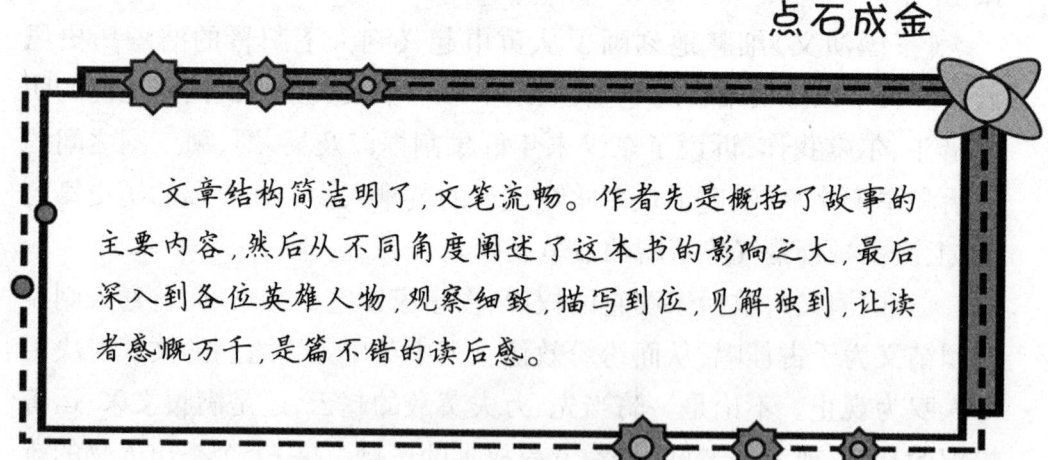

文章结构简洁明了，文笔流畅。作者先是概括了故事的主要内容，然后从不同角度阐述了这本书的影响之大，最后深入到各位英雄人物，观察细致，描写到位，见解独到，让读者感慨万千，是篇不错的读后感。

三解其中味

——读青少版《红楼梦》有感

学校:嘉善县吴镇教育集团吴镇小学　　作者:沈房子珝　　指导老师:顾伟娟

"其实,我也没记住多少内容,就记得,贾宝玉说了两次,如果林黛玉死了,他就要去做和尚。"第一次读完了青少版《红楼梦》后,我和妈妈的交流,只有这一句话。妈妈看着我笑了笑,鼓励我说:"你不想再看一遍吗?"

第一次读,我的确不是很明白,因为人物多、内容多……

再读一遍《红楼梦》,我感觉,这真是一个不错的主意。

于是,我又花了半个月时间,读了第二遍《红楼梦》。刚一看完,我就迫不及待地和妈妈聊了起来:"贾宝玉是个君子,他待人处事温润如玉,可是,他的父亲却一味地逼他读书;呆霸王薛蟠,太可恶了,柳湘莲打他打得好;林黛玉死了,贾宝玉真的做了和尚啊;英莲真的可怜,被拐卖了以后,先被改名香菱,又被改名秋菱;林黛玉的诗,是所有人里面最棒的……"(可以看出作者第二次读完有了新的收获,急切地想告诉妈妈。)"这次读,你可是记住了不少内容哦!"妈妈带点夸奖地对我说,"你知道这本书,主要讲谁吗?"

我微微一愣,脑海中仿佛只能想象出"黛玉葬花"的画面,其余的,依然是模模糊糊。不再等妈妈发话,我主动地、细细地,带着问题,第三遍读起了《红楼梦》。

这一次,我读得分外认真,有的字词、内容,我还特地查阅了资料。

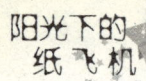
（"分外"一词看出作者是带着思考用心在读。）

　　不得不说，《红楼梦》是一部伟大的著作。翻开这本书，就像推开了历史的大门，亭台楼阁古色古香，美味佳肴活灵活现，老学究们严肃庄重的举止跃然纸上，夫人太太们矜持端庄的神态一览无遗。还有少女们穿红着绿的明媚形象，都呈现在我们的眼前：林黛玉手提羊毫，专注地作诗；薛宝钗拿着团扇，和蝴蝶在花间嬉戏；史湘云红着脸，懒懒地卧在石头上……

　　第三次看这本书，我终于懵懵懂懂地知道了，贾宝玉和林黛玉，他们是真正的志趣相投的；我也隐隐约约地知道了，那时候的社会，人们更加支持的是贾宝玉和薛宝钗。当最后，林黛玉逝世，贾宝玉出世，我总觉得，那时候的社会制度不如我们现在，我们现在更加自由，更加民主，因为我们可以按照自己的喜好来做自己想做的事情。我和妈妈之间关于《红楼梦》内容的闲聊，最后一个话题是：我挺喜欢薛宝钗的。当然，喜欢的是她的性格和才情哦！

　　"书读百遍，其义自见。"这句话，说得一点也不错。每读一遍《红楼梦》，我总能有一些新的发现和体会。我想，这就是阅读的乐趣所在，每一次读书，我们都是在和作者对话，和作者交流。我想，或许，我应该去读第四遍《红楼梦》了。

点石成金

　　作者三次读《红楼梦》，体会各不相同。第一次知之甚少；第二次初识故事大意，体悟不深；第三次深入人物内心，读懂了人物的性格。三次读书，一次比一次深入；三次感受，一次比一次深刻。层层递进，真正诠释了"书读百遍，其义自见"。

柔软的甜蜜
——读《绿野仙踪》有感

学校:嘉兴市洪兴实验学校　作者:倪轶可　指导老师:茹云霞

　　我喜欢看书,百科书、作文书、童话书……只要书一到我手上,就仿佛有一个巨大的磁场将我们包围在一起。(作者用比喻的手法写出了书对自己的巨大影响力。)我离不开它,它离不开我。这不,这个暑假我迷上了《大林和小林》《青铜葵花》《时代广场的蟋蟀》等,它们陪伴我度过了一个愉快而充实的假期,其中我最喜欢的是与《绿野仙踪》的一次心与心的交流。

　　这本书主要讲的是一场龙卷风把善良的小女孩多萝西带到了一个陌生而神秘的地方。她认识了没有头脑的稻草人、没有心的铁皮人和十分胆小的狮子。俗话说得好,三个臭皮匠顶个诸葛亮。他们为了实现各自的心愿,齐心协力,同甘共苦,一路上碰到了许多不可思议的事情。最终,他们靠着自己无穷的智慧和毅力如愿以偿地实现了心愿。其中最让我感动的是他们之间真挚的友谊。

　　生活是个七彩果盘,需要照亮心房的阳光,需要滋润心田的雨露,需要大海般的胸怀,需要顽强的毅力,需要克服困难的勇气……但生活更需要的是朋友的鼓励与帮助。(排比写出了生活的所需,也起到了承上启下的作用。)

　　看了这本书,我不禁想到了发生在我身上的一件事。有一次英语课上,突然我感觉到一股水一样的东西从我鼻子里流了出来,是鼻血。我

连忙向老师报告。接着,我的朋友以飞一般的速度,拉着我到了卫生间,她用命令似的口吻("命令似的"写出了她对"我"的关心)让我捏住纸巾止血,自己却细心地擦着我脸上的血印和我洁白裙子上的血迹。回教室的路上,她还不住地问我血止住了没,我却忘记了向她道谢。虽然时间过去了很久,但是每当我想起这件事时就感动万分。是啊,这就是朋友,朋友的帮助不计回报,朋友的帮助温暖人心,朋友的帮助是藏在心底最柔软的甜蜜。

记得还有一次放学时,天空下起了蒙蒙细雨,我很庆幸我带了一把伞。看看身边的小章和小曾,正因为这突如其来的雨而眉头紧锁。我二话不说,赶忙说:"我们三个人一起撑伞吧!"只见他俩的眼神中瞬间流露出希望,可是,这一把伞真的遮挡不住伞下的三个人,遮住了这个,遮不住那个。此刻,我灵机一动,咦,我的衣服不是有帽子嘛,应该能抵挡住这蒙蒙细雨。于是,我戴上帽子,大步向前,我挥着手说:"你俩撑伞回家吧!看,我有秘密武器——帽子。"虽然细雨飘在脸上凉凉的,但我的心底里却又泛起了那丝柔软的甜蜜。

朋友间的互帮互助可以跨越一切障碍,让天更蓝,让心更明亮。朋友可以在你需要时帮助你,我们也要多给予朋友关心和帮助,让我们一起享受那份"柔软的甜蜜"吧!

点石成金

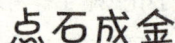

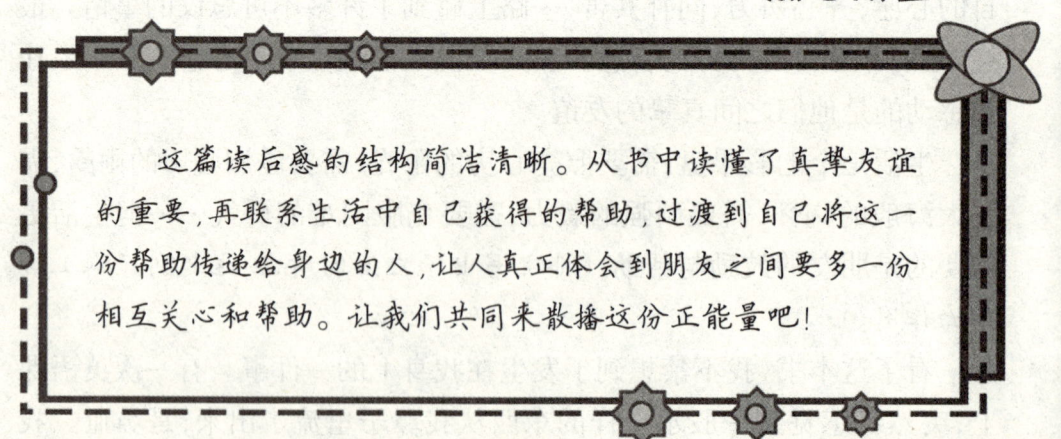

这篇读后感的结构简洁清晰。从书中读懂了真挚友谊的重要,再联系生活中自己获得的帮助,过渡到自己将这一份帮助传递给身边的人,让人真正体会到朋友之间要多一份相互关心和帮助。让我们共同来散播这份正能量吧!

夏日里的遐想
——读《昆虫记》有感

学校:嘉兴市塘汇实验学校   作者:袁羽萱   指导老师:蒋盈佳

夏日的清晨,一缕阳光透过密密麻麻的叶缝,照在窗前的书桌上,显得那么自然,又那么柔和。我慢慢捧起《昆虫记》,认认真真地阅读书中的每一个文字,渐渐地,我似乎走进了法布尔心中的那个昆虫世界,那个充满神秘气息的世界。时间随着挂钟的"嘀嗒嘀嗒"声慢慢流逝,而这本书却像磁石一样吸引了我的目光,让我产生了无穷的遐想。

曾一度被誉为是"昆虫的史诗"的《昆虫记》共十卷,是法国著名昆虫学家法布尔花了三十余年才完成的一部昆虫学巨著。他虽然是个昆虫学家,但他也是个不折不扣的文学家。在书中,他用那细腻优美的散文式文笔,将各种昆虫的习性、饮食、起居等生活状况娓娓道来,妙趣横生。在那厚厚的书页里,我们真正地领略了昆虫的世界,了解了昆虫的生活。在我读那几册书时,曾是那么欣喜,因为,我竟然追寻到了让自己一度好奇的昆虫的奥秘。(文能言声,通过书中的奥秘展现了小作者读书时的思考。正因如此,相信读后更是收获满满!)比如:蝉在夏天为什么会喜欢唱歌?为什么我们在高温干燥的环境中看不到萤火虫,而去阴暗潮湿的沟渠可以发现它们小小的身影?卷心菜毛虫为什么吃掉自己出生前的卵壳?"迷宫蛛"怎会有如此高超的织网技术,织出比建筑师借助圆规、尺子等绘图工具所画的更规范的作品来……

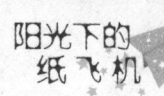

　　了解了作品内容后,书的作者也勾起了我极大的好奇心。我在假期里通过各种途径查阅了作者的生平资料,知道了法布尔这位昆虫学家不平凡的一生。他出身于贫困的农民家庭,靠自学在十二年间先后取得了含博士学位在内的多个学位。他前半生一贫如洗,后半生勉强温饱,但始终没有向"偏见"和"贫穷"屈服。他在当教师之余依旧勤于自修,坚持不懈地观察研究昆虫及植物,积极做各项实验,力求获得新发现。法布尔一生最大的志趣,就是在于揭开生命世界的神秘面纱,探索自然界蕴含的科学真理。

　　《昆虫记》是一套关于研究昆虫虫性的书,同时也是一套诠释人性的书籍。它给予了我无穷的力量,使我如法布尔那样拥有勇于探索世界、勇于追求真理的精神。这种精神,或可自我成长,或可保护自然,或可献身科学。时间继续流逝着,伴随着"嘀嗒嘀嗒"声,我也逐渐成长着……

点石成金

　　人类的智慧是无限的,在科学的道路上,不管遇到什么样的困难,从来都不能阻止我们人类的科技进步。厚厚的一本书在小作者的笔下概括到位,感悟深刻。相信小作者未来会抱着探索的精神奋勇向前!全文首尾呼应,结构严谨。

在逆境中奋起

——读《青铜葵花》有感

学校:嘉兴市南湖区凤桥镇中心小学　作者:陈艺涵　指导老师:张志君

　　"苦难是人生的磨刀石,一个人的人生是否能散放光彩,就要看他能否经得住苦难的磨砺。"(能够紧紧抓住书中的精彩语句加以思考,既点题又耐人寻味。)多真实的一句话呀!最近我读了《青铜葵花》这本书,对这句话有了更深刻的理解。

　　书中给我留下最深印象的是:主人公葵花——一个纯真美丽而懂事的女孩,青铜——一个不会说话但勤劳善良的男孩,他们的相遇,注定了他们不同寻常的经历……你瞧,面对天灾人祸时,他们同心协力,从容面对,一家人相濡以沫,艰辛却又快乐地生活着,坚韧地应对着洪水、蝗灾等一切苦难。这些灾难对他们来说就是一次一次的打击和考验。而在面对这些考验时,他们能去芦苇荡里寻找芦根来吃,他们能够在水田边砸冰捉鱼吃。当苦难来临时,他们能乐观地面对,他们能在逆境中奋起。

　　那再想想自己,英语单词背不出,就逃避;语文作业多了一点儿,就偷懒;遇到难题打退堂鼓,总爱抱怨这抱怨那;学骑车、学轮滑摔疼了,就不想学了……在面对生活中一次又一次小小的挫折时,我们往往只会怨天尤人,只会抱怨上天的不公,却从来没有想过要在绊倒的地方爬起来。其实,挫折是我们每个人一生中都会遇到的,不经历风雨又怎能见

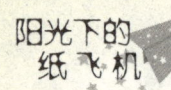

彩虹？现在，我一定要努力改掉我的坏毛病，遇到困难不再"绕"着走。（"绕"字用得特别精妙，不逃避，直面挫折。相信这也是小作者人生的方向标。）我要像青铜葵花那样毫不畏惧，勇敢地去面对，去挑战……要知道挫折的背后就是成功！

　　读了《青铜葵花》这本书，我感慨万千，从书中，我也明白了很多成长过程中的道理。雷锋叔叔曾说过："不经风雨，长不成大树；不受百炼，难以成钢。"（恰到好处的引用，为文章增色不少！）的确，迎着困难前进，是我们成长的必经之路。所以，我们一定要勇敢积极地面对挫折，那是我们每一次真正的成长！

点石成金

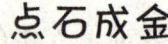

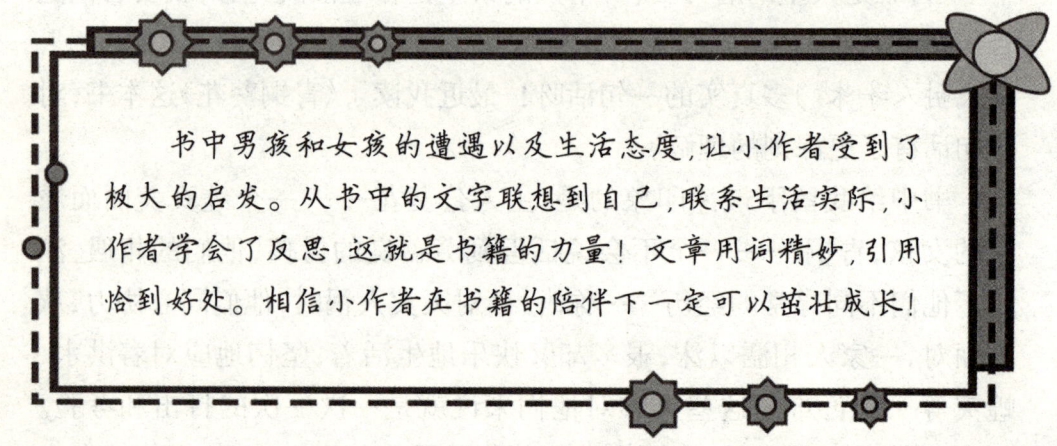

　　书中男孩和女孩的遭遇以及生活态度，让小作者受到了极大的启发。从书中的文字联想到自己，联系生活实际，小作者学会了反思，这就是书籍的力量！文章用词精妙，引用恰到好处。相信小作者在书籍的陪伴下一定可以茁壮成长！

友爱的力量
——读《夏洛的网》有感

学校:嘉兴市南湖区余新镇中心小学　作者:沈哲宇　指导老师:沈利岗

　　暑假里,爸爸从图书馆为我借来了一本好书——《夏洛的网》。爸爸说:"这本书是讲述友谊的,希望你能从中体会到友情的可贵。"

　　于是,我就试着去书中品味那份美好的友情。它讲述了这样一个故事:在朱克曼先生家的谷仓里,快乐地生活着一群小动物,其中小猪威尔伯和蜘蛛夏洛是一对好朋友。夏洛为了改变威尔伯做成熏肉火腿的命运,用自己的蜘蛛丝织出了奇迹般的网上文字,逆转了威尔伯的命运,而在这时夏洛的生命却走到了尽头……

　　我感到无比悲痛。夏洛用自己的生命拯救了小猪威尔伯,这种舍己救人的精神是何等伟大啊!要不是夏洛用生命救了小猪威尔伯,它早就变成了餐桌上的熏肉火腿了。要不是为了救威尔伯,夏洛的生命就不会这么快地走到尽头,它还能享受阳光、享受幸福,还能继续快乐地生活下去……(两个"要不是"整齐有力,读来颇有一番风味。)夏洛的精神深深地教育了我。我要向夏洛学习,做一个有爱心的人,多关爱别人,为别人献出自己的爱。

　　思绪飘到了几天前。那时我正在专心致志地写作业,同桌凑过来问我一道很难的数学题。"我还有好多事情要做呢,上次教她一道题目还把我折腾了老半天,简直是浪费时间!"想着想着,我不情愿地对同桌说:

"这道题我会做,但是讲不清楚,你还是去问别人吧!"看着朋友失望地走了,我心里还暗自得意。(从"不情愿"到"得意",把自己的真情实感描写得很详细!)不过,读了《夏洛的网》这本书,想到夏洛对待朋友的那份真诚,我的脸不禁红了起来。我对朋友那么小气,和夏洛截然相反,真是太不应该了,我决定在这个假期过后好好向那位同学道个歉。

《夏洛的网》的的确确是一本好书,让我看到了许多,也想到了许多。让我们真诚地希望,希望世界在友谊之花的笼罩下更美丽、更灿烂。我们一定要珍惜生命中的每一次相遇,记住:相遇是缘!

点石成金

正确深入的理解,读起来无疑让人充满正能量。友谊的可贵是书中告诉我们的道理。书中的故事情节引发了小作者的思考,文中两个"要不是"是小作者真实的感悟。文章一气呵成,思路清晰,主题明确。

读《老人与海》有感

学校:北京师范大学南湖附属学校　作者:曹心怡　指导老师:高　倩

　　一则童话犹如一幅画卷,赏心悦目;一个故事犹如一汪清泉,澄净身心;一本好书犹如一阵清风,放飞思绪。(优美的语言,精妙的修辞,实在是可圈可点。)寒假期间,我仔细阅读了一本好书——《老人与海》。这本书可是著名小说家海明威写的,海明威曾经获得过诺贝尔文学奖,听说我们敬爱的习主席也看过这本书呢!

　　《老人与海》塑造了一个经典的硬汉形象,一位老渔夫在墨西哥湾里打鱼,前40天一直有个男孩跟着他,可是他们却一条鱼也没有抓到。男孩的父母说这个老人一定在走霉运,不让男孩和老人一起打鱼。但是老人并没有放弃,终于在第85天时,打到一条比船还大的马林鱼,经过两天两夜的艰难考验终于将大鱼刺死。然而在返回的路上又碰见成群的鲨鱼,老人用尽全力与鲨鱼搏斗,结果大马林鱼还是被鲨鱼吃光,老人最后拖着光秃秃的鱼骨架回到了家。

　　当我读到老渔夫想"这里离海岸实在太近了,也许在更远的地方会有更大的鱼……"时,我开始钦佩这位老人,因为他这时已经打到了一些小鱼,但他并没有安于现状,而是向着更大的目标前进。再看看我自己,平时学习感觉能考到95分就不错了,沾沾自喜,目标短浅。我们是祖国的未来,应该像这位老人一样胸怀大志,去追求更好的成绩、更大的目标。(能把人物的心理活动写得生动难能可贵,给人留下深刻

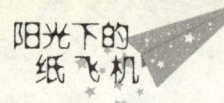
的印象。）

当我读到"老人右手高举钢叉，在它跃出水面的一瞬间，竭尽全力地向它的心脏掷去，一声哀鸣结束了大鱼的生命……"时，我紧张的心情终于放松下来，突然感觉老人好强好伟大，面对如此强大的对手却不甘示弱、迎难而上，获得了胜利。回想我在做奥数题时，一看到那长长的题目和数字就感到害怕，觉得很难做出，顿时觉得羞愧。奥数题和大马林鱼相比简直就是小儿科，我下定决心：以后一定要像老人一样，无论遇到什么困难，都要信心十足地去面对、去战斗！

当我读到"老人心里清楚自己现在是彻底被那些鲨鱼给打败了，并且败得一塌糊涂……"时，心里觉得好难过，为老人辛勤劳动的果实被鲨鱼无情地夺走而心痛。我问爸爸，海明威为什么要让鲨鱼去抢老人的大鱼，爸爸笑着说："老人没有败啊，从他拿起鱼叉和鲨鱼搏斗，奋力保护他的大马林鱼的那刻起，他就是胜利者。"我好像隐约明白了一些道理，胜利和失败不一定要看结果，有时更要看战斗的过程。

读完这本书，我的心久久不能平静，好像一下子明白了很多道理。老人面对质疑仍然坚持捕鱼的坚韧精神，面对大马林鱼奋力挣脱仍然不言放弃的意志，面对鲨鱼抢食仍然殊死搏斗的勇气，面对大马林鱼虽然只剩骨架却能微笑面对的乐观精神都深深地印刻在我的脑海里。

我的人生刚刚起步，未来的路上会遇到许多困难和挫折，会被身边的人质疑和嘲讽，会因考试成绩不好而失落，但我不会放弃、不会畏缩，更不会害怕，就像老人那句话：人不是为失败而生的，一个人可以被毁灭，但不能被打败。失败并不可怕，可怕的是自己对失败屈服，一旦屈服，所有梦想都不会实现。人生就像老人出海捕鱼，出现困难要勇敢面对，即使没有成功，也不会因为没有努力而留下遗憾！

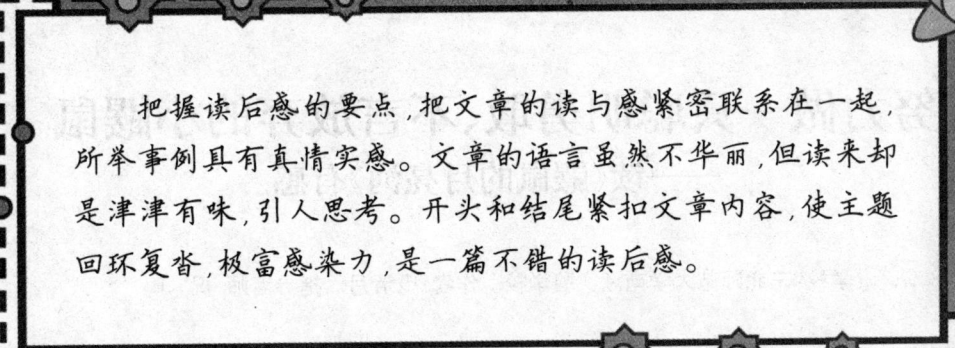

点石成金

　　把握读后感的要点,把文章的读与感紧密联系在一起,所举事例具有真情实感。文章的语言虽然不华丽,但读来却是津津有味,引人思考。开头和结尾紧扣文章内容,使主题回环复沓,极富感染力,是一篇不错的读后感。

　　除了行动,什么都是谎言。只有行动才不是撒谎。

　　　　　　　　　　　　——〔法国〕罗曼·罗兰

努力做一只聪明勇敢、不言放弃的小鼹鼠
——读《鼹鼠的月亮河》有感

学校:东北师范大学南湖实验学校   作者:庞清月   指导老师:祝 鸣

在我的脑海中,鼹鼠只不过是一种棕黄色的、只会挖掘和钻洞的小动物罢了。但在看了作家王一梅的书《鼹鼠的月亮河》后,主人公小鼹鼠米加的经历对我很有启发。

读这本书之前,我看着题目,想:鼹鼠住在月亮河里吗?月亮河这地方漂亮不漂亮?……(用问句能够吸引读者的眼球,引出下文。)我带着问题翻开书,看完后才知道主要内容:与众不同的米加不喜欢爸爸给他选的人生道路——当挖掘专家,这是每只鼹鼠该做的。米加知道鼹鼠还能做魔术师、科学家。他不喜欢挖洞,却喜欢设计东西、画图纸。他打算帮助自己的好朋友尼里,为她制造一台洗衣机,好让她每天不那么辛苦地洗衣服。所以他怀揣着尼里送他的一块月亮石离开家乡,去实现他的梦想。一路上,米加遇到了咕哩咕这个善良而贫穷的魔术师。米加要和他一起表演才能买到造洗衣机的零件。可有一次表演,咕哩咕一不小心把米加变成了乌鸦。他带领乌鸦挖地洞躲过了老鹰铁嘴的一次次扫荡,最后还把老鹰铁嘴变成了小鸡。100天到了,米加也变回来了。这时,咕哩咕给米加买来了许多零件。当米加回到月亮河的时候,已经赫赫有名了……

我可喜欢文中的米加了!当我读到米加用滑轮干活的内容时,我就开始喜欢他。一只小鼹鼠,居然那么聪明,知道用滑轮干活更省力。他和父亲一起去搬砖,发现砖上长青苔,认定它们很牢固,没必要去挖它们。米加这种遇到困难没有大喊大叫,而是沉着冷静地分析的态度实在难能可贵。这让我想起上次妈妈拿钥匙开车库门的事。她拿着钥匙拧来转去地开了三五分钟还没法打开,又因为赶时间,急得额头都开始冒汗了。我突然记起爸爸有次给我的自行车链条上机油的事,就灵机一动,跑回家从厨房拿来了炒菜用的油,也学着爸爸的样子,把餐巾纸捻成线状,往上面淋油,让油注进门锁洞里。妈妈再次拿钥匙一试,果真,锁开了。(用上准确的动词,让人物更加活灵活现。)至今我还记得妈妈用赞许的眼神夸我:"我女儿比妈妈有本事了!"看来,我还是有一点点像小米加呢!

　　再说他独自离家去闯荡,想方设法制造洗衣机,我就更佩服他了。如果我是米加,我会独自离开父母,只拿着一块石头到外地,去实现自己的理想吗?不,我不敢!如果我被坏人抓走或是生病了怎么办?(通过自己的假设,以及自问自答的方式,引发读者思考。)可是小米加在实现梦想的道路上,无论遇到怎样的困难,就连设计图纸掉了,他也没有退缩,没有害怕,更没有轻言放弃。他从小都坚持走自己想走的路,并始终如一地执着于自己的信念,用自己的聪明和勇气最终帮助了好朋友,实现了自己的梦想。反思生活中胆小如鼠的自己,就愈加惭愧了。感谢小米加,以后我一定要鼓起勇气面对生活学习中的困难,学习小米加不言放弃的精神,努力成为更好的自己。

　　感谢王一梅阿姨让我认识聪明勇敢的小米加。相信有一天,我也能成为一个勤动脑、细观察,坚持梦想、不轻言放弃的人。

点石成金

文章的题目为"努力做一只聪明勇敢、不言放弃的小鼹鼠",通过抓住"聪明勇敢"以及"不言放弃",不仅展现了书中小鼹鼠的精神特质,而且也表达了"我"想成为这样的小鼹鼠的愿望。字里行间的反思也正是小作者前进的目标。文章结构严谨,呼应主题。

你若要喜爱自己的价值,你就得给世界创造价值。

——〔德国〕歌德

和"快点"说再见
——读《孩子，先别急着吃棉花糖》有感

学校:平湖市实验小学　作者:武家宁　指导老师:刘　慧

　　暑假里，我阅读了《孩子，先别急着吃棉花糖》这本书。第一眼看到这个题目的时候，以为是一本讲美食的书，想着琳琅满目的美食，就让人馋涎欲滴，可没想到，竟是一本教会我管理自己的书。

　　小学生珍妮弗家境不错，平日里衣食无忧，但对自己的学习和生活却有不少的疑惑和抱怨。父亲为了帮助女儿快乐地成长，给女儿讲了一个又一个的小故事，并把自己参加过的棉花糖实验拿来跟女儿分享。在他的努力下，珍妮弗不再遇事抱怨，变得更自信、更快乐，更会管理自己，无形中养成了受益一生的好习惯。

　　著名作家鲁迅有一个成功的秘诀，就是珍惜时间。鲁迅十二岁在绍兴私塾读书的时候，父亲正患着重病，两个弟弟年纪还小，鲁迅不仅经常上当铺、跑药店，还得帮助母亲做家务。为了不影响学业，他每时每刻都做好精确的时间安排。在鲁迅的眼中，时间就如同生命。他把别人喝咖啡的工夫用在写作上，从而一生著作颇丰，成为一代文坛巨匠。

　　著名数学家陈景润也十分珍惜时间，曾给自己拟定出一张工作时间表，把一天24小时的分分秒秒都充分利用起来。即使在路上走，也在读读背背，他的英文、俄文、法文、德文四门外语的单词，就是这样掌握的。

　　而我，家境还算不错，平日里也是衣食无忧，可我总是不能很好地管理时间，妈妈总是催我"快点，快点"。这不，妈妈又在喊了："宝贝，快点来吃饭呀，你在干什么呢？""哦，来了。"一句"来了"，愣是过了十分钟还在原地。"宝贝，听见了没，快来吃饭啦，再不来饭菜要凉啦！""哦，就来。"一句"就来"又足足过了十分钟。就这样，妈妈一边催促着"快点，快点"，我一边应付着"来了，来了"。（贴近生活的对话，让人读来十分亲切。）到最后还是以妈妈强制性的命令结束这段对话。

　　棉花糖，是一个甜美的诱惑，如果先去品尝生活中的苦涩，那么，当你再去吃棉花糖的时候，会觉得无比香甜。

　　自从尝过了这块黄色"棉花糖"之后，我为我的这种拖延行为感到羞耻。假如催促的不是妈妈，是朋友，那朋友一定不会理我了；假如催促的不是妈妈，是同事，那同事一定嫌弃我了；假如催促的不是妈妈，是领导，那领导一定不信任我了；假如催促的不是妈妈，是老板，那老板一定把我炒鱿鱼了……（通过合理想象，过渡自然，突出中心。）

　　尝过了这块黄色"棉花糖"之后，我下定决心要改掉自己拖拖拉拉的坏习惯。在平时的学习生活中如果不会合理安排时间，会造成很多不必要的麻烦，甚至延误重要的事，从而失去诚信。没有任何一种方法可以把失去的时间找回来，即便是世界上最有钱的人，也不可能把失去的时间买回来。我一定要和"快点"说再见，努力把控属于自己的时间，为自己选择人生道路上的每一块"棉花糖"，让成功属于自己！

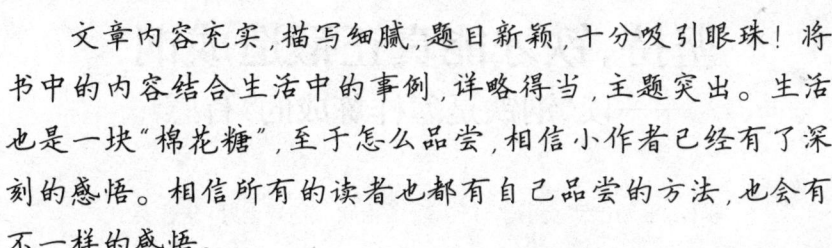

点石成金

文章内容充实，描写细腻，题目新颖，十分吸引眼珠！将书中的内容结合生活中的事例，详略得当，主题突出。生活也是一块"棉花糖"，至于怎么品尝，相信小作者已经有了深刻的感悟。相信所有的读者也都有自己品尝的方法，也会有不一样的感悟。

完美的人格，高尚的品德，是从实际生活中锻炼出来的。

——〔德国〕叔本华

坚持，铁才能真正锻造成钢
——读《钢铁是怎样炼成的》有感

学校:平湖市实验小学　作者:金怡欣　指导老师:朱佩英

　　暑假里，妈妈给了我《钢铁是怎样炼成的》这本书。她告诉我，这是一部自传体小说，小说讲述的就是作者奥斯特洛夫斯基真实的一生。我听了，感到很有兴趣，便认真翻阅起来。时间在不经意间流淌，渐渐地，书中那位主人公保尔·柯察金吸引了我，他那种为了理想不断奋斗的精神深深感动了我。

　　保尔出身于一个贫困的家庭，从小就失去了父亲，出去工作时，受尽了凌辱。他一生坎坷，历经磨难，他的人生就如同在炼钢。在红军骑兵师，他无私忘我地工作，先后受了两次重伤，在枪林弹雨中，他经受住了生与死的考验;在疾风暴雪的建设工地，他承受着常人难以忍受的劳动强度和饥寒;即使束缚在床榻上了，双目失明，遭受着来自身体、精神的双重打击，他仍没有屈服，又拿起了新的"武器"——笔，开始了他新的生活，开始了文学创作。

　　看完整本书，我终于明白了书名为什么叫作"钢铁是怎样炼成的";看完整本书，我才真正知道，保尔这块铁到底是怎样在生活、社会的熔炉里锻造成一块钢的;看完整本书，我明白，铁炼成钢，只有经过千锤百炼，并且在不断的锤炼中磨炼自己，激励斗志，才能真正成长。(通过精练的语言,准确表达了自己的感悟。)保尔经历了那么多的磨难，但他始终为

172

了自己的理想而奋斗着、坚持着，最终从一个出身贫苦的少年，成为了家喻户晓的英雄。

保尔的人生经历无法复制，现在的我们在生活中一般也不会遇到那样的事，但要真正得到成长，我们依然不能缺少保尔那种为了理想不断奋斗的精神，学会在困难面前坚持，坚持，再坚持。在烈日炎炎的秋日早晨，我们整齐地站在操场上军训，经受着严峻的考验。虽然满头大汗，虽然腰腿酸疼，但我们能站得像小松树般挺拔。即使汗水流淌的滋味像虫儿在爬，但没有人用手偷偷抹一抹。（这一处的细节描写十分生动传神。）小脸儿红了，小腿有些发颤，但我们紧咬牙关坚持着……为了锻炼自己，我参加了学校的篮球队，跑步练速度，爬楼梯练耐力，跑跳投篮练基本功，汗水湿透衣衫成了家常便饭，我叫过苦，喊过累，但因为喜欢，我坚持着。因为看了《钢铁是怎样炼成的》，认识了保尔，我勇敢地接受磨炼，坚持着，想把自己锻炼成一块坚硬的钢。在以后的学习中，碰到难题，我一定要独立思考，努力钻研，尽量不去求助家长。我会向保尔学习，学会坚持，像他那样为自己的理想而奋斗，永不放弃。

书看完了，但耳畔响着的是保尔的至理名言："人最宝贵的是生命，生命属于每个人只有一次。人的一生应当这样度过：回首往事，不因虚度年华而悔恨，也不因碌碌无为而羞愧，临终时能说：我的整个生命和全部精力，都献给了世界上最壮丽的事业——为人类的解放而斗争。"脑海中烙下的是保尔·柯察金这位英雄的高大形象。现在的学习、未来的人生道路都不会一帆风顺，面对挫折，我不会因为眼前的一点困难就放弃。我会学着像保尔一样，勇敢面对一切，多一点坚持，期待自己也能锻炼成钢的那一天。（百炼成钢，生活本身就是历练，恰到好处地呼应主题。）

点石成金

　　文章开头交代清楚,起到了引出下文的作用。将书中的主人公保尔的人生结合自己的军训生活和篮球队的体验,读来十分有亲切之感。文章的结尾紧扣书中最精彩的语句,点明中心,正能量满满!

心灵
小站

　　在知识的山峰上登得越高,眼前展现的景色就越壮阔。

——〔俄国〕拉吉舍夫

团结就是力量

——读《胡小闹日记》有感

学校：桐乡市实验小学教育集团城北小学　作者：徐祎乐　指导老师：周丽菊

　　在我家的某个角落，放着《胡小闹日记》中的《我是下一届班长》。我很喜欢这本书，是它让我的心灵接受了一次次洗礼！（简洁的开头，引人入胜。）

　　其中，《团结周围的人》这个故事使我一生受用。这个故事所讲的是：国学老师孔老夫子让胡小闹把胖胖的长安举过头顶。大家都认为这是不可能完成的任务。长安就像一块发酵过头的面包！虽然胡小闹心里头有十万个不情愿，但这可是孔老师的命令啊。还是去尝试一下吧！胡小闹使出吃奶的力气，但丝毫不起作用。这时，孔老师说："一己之力不行，你们不妨合众人之力试试！"胡小闹明白了孔老师的意思。在胡小闹的号召下，同学们纷纷围了过来。不一会儿，长安就被举在了半空中。这时，胡小闹恍然大悟，这次孔老师教给自己的是：团结周围的人，只要齐心协力，再大的困难也不怕！

　　人心齐，泰山移。记得有一次，我去杭州的浙江省科技馆玩，其中一个游戏项目是拉动铁球。这个铁球大得出奇，而且很重，似乎有两头大象的重量。光靠一个人的力量是不行的，但是我高估了自己，认为自己一个人也能拉动这个铁球，所以我双手紧抓那条粗粗的麻绳，费了九牛二虎之力，小脸都涨红了，而那个铁球却犹如一座大山，纹丝不动地矗立在那儿。（夸张的比喻读来更能体现一个人的力量是多么微小啊！）我顿时垂头丧气，沮丧地想要离开。就在我打算放弃的时候，我忽然想起《胡小闹日记》中《团结周围的人》那个故事。我不禁眼前一亮。对呀，众人拾柴火焰高，一己之力不行，但大家齐心合力，就能拉动铁球。在我的号召下，游戏厅里的小朋友都集中起来，大家像拔河一样排好队伍，手里紧紧抓住麻绳。我大声喊道："一、二、三，拉！一、二、三，拉！"果然，大铁球动了一下，接着就像个皮球一样骨碌碌地滚了过来。大家看到自己的成果，都高兴得蹦了起来。我也很开心，心想：多亏了《胡小闹日记》这本书，让我知道了团结有多重要！

团结就是力量，德国著名的大作家歌德说："不管努力的目标是什么，不管他干什么，单枪匹马总是没有力量的。合群永远是一切善良思想的人的最高需要。"是呀，一个人的力量是有限的，但是只要大家团结在一起，齐心合力就能事半功倍！

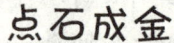

点石成金

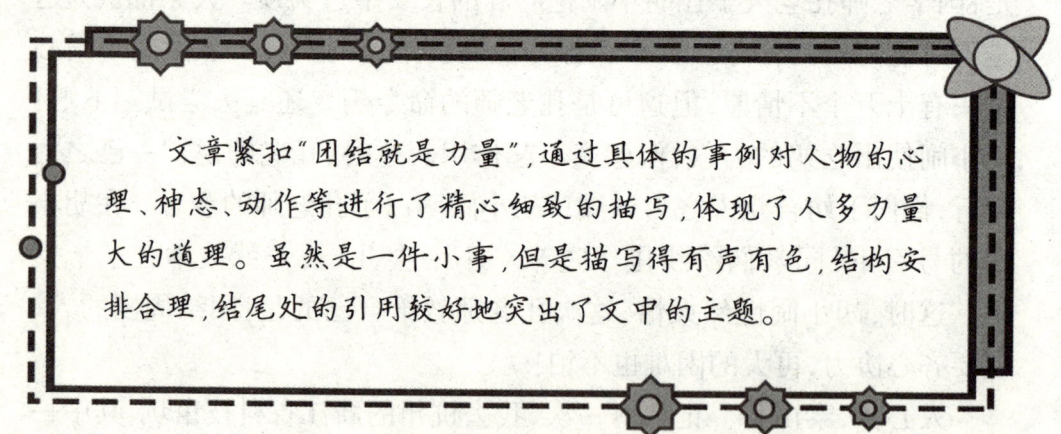

文章紧扣"团结就是力量"，通过具体的事例对人物的心理、神态、动作等进行了精心细致的描写，体现了人多力量大的道理。虽然是一件小事，但是描写得有声有色，结构安排合理，结尾处的引用较好地突出了文中的主题。

别样的母爱
——读《我所知道的野生动物》有感

学校:桐乡市实验小学教育集团中山小学　作者:陈芝羽　指导老师:张建利

对于红松鼠来说,您是狡猾、残忍的刽子手;对于小狐狸来说,您是勇敢、伟大的好母亲。您是谁?(留下小小的悬念,可见小作者的用心。)您就是加拿大作家西顿笔下《我所知道的野生动物》中的狐狸妈妈——薇克森。

看完纪实小说《我所知道的野生动物》中《泉原狐》一篇,我被深深地感动了,被薇克森别样的母爱感动了。

薇克森,您的母爱好残忍!您为了让孩子们学会抓红松鼠,以伪装术(装死)把那可怜的小东西骗下树,骗到身边,以迅雷不及掩耳之势咬住它的脖子。您让孩子们尽情折腾、撕咬那可怜的小东西,您却在一旁乐滋滋地欣赏着。后来,孩子们被红松鼠的反抗抓疼了,您上前果断一口,结束了残忍的游戏,结束了红松鼠的生命。

薇克森,您的母爱好勇敢!为了不让猎人发现孩子,您故意出现在猎狗面前,勇敢地把猎狗引开。为了不让猎狗寻到蛛丝马迹,您蹚过冰冷刺骨的小河,躲进灌木丛。猎狗寻至河边嗅不到您的气味,茫然失措。猎狗失望而归,而您还在灌木丛中忧心忡忡地等着,您怕猎狗使"引蛇出洞"之计!当猎人呼唤猎狗回家时,当那脚步声远远离去时,您才小心翼翼地回到家中,碰碰孩子的额头,舔舔孩子的身子,欢叫着抱在

一起。

薇克森,您的母爱好悲惨！您的伴侣被猎人用枪杀害了,您费尽心机建的窝暴露了,一家人在劫难逃。猎人用铁锹挖开了您的窝,您的三个孩子当场被铁锹砸死。您最小的孩子被猎人带走,用铁链锁住了脖子。于是,您趁着夜色,冒着生命危险给孩子喂奶、送食物,用您的牙齿咬着那粗铁链,可这一切换不来猎人的宽容。铁链锁住了孩子,孩子失去了自由！您无可奈何,终于压抑了母爱,用毒饵为孩子打开通往自由的大门！而您悲痛欲绝,孤独而心碎地离开了这个伤心之地……

薇克森,您的母爱深深地感动了我。虽然您只是一个动物,但您为我诠释了一种全新的母爱！

点石成金

文章用第二人称"您"极富亲切之味。残忍、勇敢以及悲惨的母爱恰到好处地呼应了题目中的"别样"。看似矛盾的爱,在小作者的描写下十分真挚感人。文学来源于生活并且高于生活,书中的母爱也是生活中的母爱！在小作者的笔下,我们再次见证了母爱的伟大。

做永远的"孩子"

——读《小王子》有感

学校:嘉兴市秀洲区高照实验学校　作者:刘墨雪　指导老师:王伟强

　　在大人的眼中,孩子是"无知"的;在小王子的眼中,所有的大人首先是孩子,大人都是由小孩子成长而来的。在我的眼中,看完《小王子》,我要做永远的"孩子"!

　　小王子,来自遥远的 B612 星球。一天,他和他的玫瑰花闹了点别扭,于是离开了自己所在的星球,开始探访离他很近的几个星球。他一方面想找些事情做,一方面想增长见识。他走过一个又一个星球,最后来到了地球上。他发现一个奇怪的问题,无论哪个星球上,大人们都是那么的奇怪。

　　奇怪的国王,他披着貂皮做成的紫色长袍,坐在单调却威严的宝座上。在国王眼里,所有人都是他的臣民,他容不得别人违反他的命令。小王子要离开这个星球,国王摆出一副很气派的样子:"我册封你为我的大使。"小王子离开了,嘀咕着"大人们真是奇怪"!

　　奇怪的自大狂,只能听进去别人赞美他,不停地要求小王子拍手取悦他、崇拜他,这样他就会举帽致谢! 小王子无可奈何:"那我就崇拜你吧!""大人们真是奇怪啊!"小王子说完又离开了。

　　奇怪的酒鬼,每天喝得烂醉如泥,喝酒的目的是为了忘记自己的羞愧,而他羞愧的恰恰是喝酒的事。"奇怪的大人们",小王子喃喃说着,摇

摇头离开了,又踏上了旅途……

最后,他来到了地球上,遇到了一只睿智的狐狸,狐狸送给他神秘的礼物,只是一句话:"要看清事物的本质,不是用眼睛,而是用心。""不是用眼睛,而是用心。"小王子重复着这句话,以便印在脑海里。他想起了他独一无二的玫瑰花,他在玫瑰花身上倾注了时间,所以玫瑰花才如此重要。他要回他的星球……

妈妈说我还小,看不懂《小王子》。妈妈是不是也很奇怪,她又不是我,她怎么知道我能不能看懂啊!我要提醒我亲爱的妈妈,不要做专制的国王,追逐她做妈妈的权威,让我什么事情都要听她的。(采用生活中的口语,使文章更显亲切自然。)每个人都喜欢赞美的声音,但是我可不会做爱慕虚荣的自大狂,我要做一个实实在在的人,受得起表扬和赞美,也经得起批评和指正。矛盾的酒鬼,我也说不清楚他为什么奇怪,就觉得他不可理喻,明明知道酗酒这件事情是不能做的,可是还是非要做不可,有点像我的爷爷,明明知道吸烟不好,咳嗽得那么厉害,还一个劲儿地吸烟,我应该讲这个故事给他听。

最喜欢书中的小狐狸,他说的话我有点明白,他说看东西要用心,不是用眼睛,哪里倾注了时间,哪里对于自己就是重要的。我喜欢乐高积木,买了许多不同样子的,外婆说我买那么多做什么,每一个不是都差不多。可是在我看来,每个都差很多,因为每一个我所花的心思都不一样,所以它们对于我来说都是独一无二的,难道不是吗?倾注时间这回事说得一点都没错。三年级时,我数学成绩不是很好,我投入大量精力,每次考试都整理错题,三年级结束的时候我的数学成绩提高了许多。但是,我放松了对语文的学习,语文成绩好像降了那么一点点。今后,我会努力在数学和语文上投入更多时间。

我要做永远的"孩子",永远不做奇怪的"大人"。(首尾呼应,点明主题。)

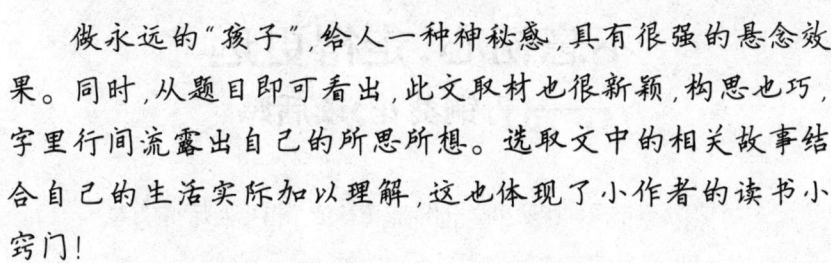

点石成金

做永远的"孩子",给人一种神秘感,具有很强的悬念效果。同时,从题目即可看出,此文取材也很新颖,构思也巧,字里行间流露出自己的所思所想。选取文中的相关故事结合自己的生活实际加以理解,这也体现了小作者的读书小窍门!

快乐之道不在做自己喜爱的事,而在喜爱自己不得不做的事。

——〔英国〕巴里

不忘初心，走得更远
——《青铜葵花》读后感

学校：嘉兴市秀洲实验小学　作者：王梓洁　指导老师：陶月琴

坚强，是一个人对待残酷生活的态度；善良，是人们纯净的本性。(开头简而得当，富有艺术化。)

暑假里，我读了曹文轩的《青铜葵花》，这本书讲了一个男孩与一个女孩的故事。男孩叫青铜，儿时的一次意外生病让他失去了说话的能力；女孩叫葵花，先没有了妈妈，又失去了爸爸。命运的一次特别安排，让乡下男孩青铜和城市女孩葵花成了兄妹，他们一起生活，一起长大，一起经历苦难，一起分享快乐。十二岁那年，命运又将葵花召回了城市。青铜从此常常遥望芦苇荡的尽头，遥望葵花所在的地方……

书中最让我感动和钦佩的是青铜一家人。青铜作为哥哥，他宁愿放弃自己上学的梦想，也要让葵花上学；他宁愿在冰天雪地里卖掉自己脚上的芦花鞋，也要让葵花照一张相；他宁愿熬夜去捉最大的萤火虫做南瓜花灯，也要让葵花晚上写作业有亮光；他宁愿顶着葵花默默地站立一个晚上，也要让葵花看戏；他天天提着纸灯笼去码头，就是为了让葵花晚上回来不害怕；他做了一串世界上独一无二的冰项链，就是为了让葵花在报幕时更美丽……他见不得葵花受一点儿委屈、遭一点儿欺负。他每天骑着牛接送葵花上学放学，保护着她。青铜的奶奶更是比疼自己亲孙子还疼葵花，好吃的、好玩的都留给葵花，做什么决定总是先考虑葵花的感受。青铜的爸爸妈妈，为了不亏待葵花，拼了命地干活挣钱，把葵花当作自己的亲生女儿。青铜一家用坚强与善良呵护着葵花成长。当然，葵花也是个善解人意、坚强的好女孩，她经历了失去双亲之痛，但并没有悲观厌世，依然乐观地面对生活。青铜家对她的付出，她牢记于心。她从不要求什么，从不让家人担心，她知道青铜一家把最好的都给了她，她默默地尽自己的能力为这个家分担一些。为了给贫困的家省钱，学校里要拍照，葵花没有参加；为了能多编些芦花鞋，葵花放学后就去采芦苇花；为了赚钱给奶奶治病，葵花独自一人跑到江南捡银杏；为了省下学费，葵花故意把考试考差；为了让哥哥被人看得起，葵花想方法教哑巴哥哥识字……我深深地体会到，虽然青铜葵花一家贫穷，生活艰辛，但这家人却没有一个愁眉苦脸的，他们在一起有说有笑，心里惦记着的是眼下的日子，向往着的是以后的好日子。他们生活得很幸福，因为他们家充满了浓浓的爱。

　　一本《青铜葵花》，写尽生死离别，写出了青铜一家人对待生活的坚强和对待葵花的善良。作品写苦难，将苦难写到深刻之处；作品写美，将美写到极致；作品写爱，将爱写得充满生机与情意。这本书让我感慨万分，与青铜、葵花相比，我们都是温室里的孩子，从未经历过苦难，从不担忧生活，考虑自己更多，关爱他人较少。*(运用排比的修辞，既概括了书中的写作特点，又融入了自己的看书感悟。)* 如今我知道了：体会苦难，品尝甜蜜！就如罗曼·罗兰所说：我们应当正视痛苦，尊重痛苦！只有能兼爱欢乐与痛苦的人，才会懂得人生的价值与甜蜜！

　　这本书让我知道了在苦难面前，不要低头，不要放弃，要永远保持一颗纯净的心！我希望自己以后能像青铜葵花一样拥有坚强、善良的品质，善待身边的人。不管遇到什么困难，都要以乐观的心态去对待，迎难而上，让自己走得更远。在未来的路上，永远不要忘记两个词：坚强！善良！

点石成金

　　文章开头与结尾时的诗化语言,充满想象与韵律之美,令人愿读、爱读,不忍释手。这篇文章准确恰当地概括了书本内容,更在字里行间流露出自己的生活态度,切合实际,蕴含着朴素的哲理,读来令人精神振奋,情绪激昂。

心灵
小站

　　一个伟大的人有两颗心:一颗心流血,另一颗心宽容。

　　　　　　　　　　——〔黎巴嫩〕纪伯伦

理想的力量

——读《特别的女生萨哈拉》有感

学校:嘉兴市秀洲区印通小学　作者:孙钰琪　指导老师:朱琴红

　　我最近读了一本书,它的名字叫《特别的女生萨哈拉》,这本书令我深受启发。

　　这本书主要讲的是一个女孩子,名字叫萨哈拉,她爸爸妈妈在她小时候就离婚了,她常常写信给她的爸爸,希望有一天他能回来。她被她的同学和老师看作"问题小孩",但是她一直有一个梦想,那就是当一个作家,她也一直为这个理想而努力着、拼搏着。

　　我掩卷深思:理想对一个人是多么重要! 一个人没有了理想,就好比一碗牛肉面,没有牛肉,那不是徒有虚名吗?(笃定的语言、深刻的反问,紧扣文章主题。)每一个人都应该有一个理想,为理想而拼搏而努力,这样生活才会充实,生命才会美好。我想到了我的爸爸,从河南老家来到嘉兴,他最大的愿望就是能在嘉兴买一套大房子,在嘉兴安居乐业。为此,他勤勤恳恳,努力工作。我作为一名小学生,最大的理想是能够考个好成绩,进一所好的中学。因此,我勤奋好学,不断进取。还有我的爷爷奶奶,他们的理想是小辈的生活能过得更好,一家人能够平平安安、快快乐乐,所以他们虽然白发苍苍却依然在忙碌着……

　　我和我的家人,理想虽小,却因为有着理想,所以有了奋斗的方向;因为有了这个小小的理想,所以有了奋斗的动力。一个人要是没有了理想,就会像一只无头苍蝇一样,到处乱飞,因为他没有目标。老话说得好,没有目标就没有压力,没有压力就没有动力,没有动力就一事无成。可见理想是多么可贵呀!因为理想就是目标,理想就是信念,理想就是新的开始,理想就是动力的源泉。

理想是重要的,也是可贵的,如果英雄先烈心里没有建立新中国的信念,我们伟大的新中国能成立吗?劳苦大众能翻身做主人吗?如果国家领导人心中没有要将中国建设成为世界强国的信念,那雄伟的辽宁号航空母舰、举世瞩目的神舟十一号飞船、天宫二号空间实验室能成功问世吗?(三个追问落实了富有理想的重要性,增强了情感基调。)

《特别的女生萨哈拉》让我对理想有了更深的认识,也让我更坚定了自己的理想!

点石成金

本文语言虽然不华丽,但极为准确生动,情感丰富真实,读来引人入胜,津津有味。文章充满了激情,从字里行间不难看出小作者是一个有理想的孩子。相信在小作者的不懈努力下,也能成就自己的梦想!

成功的背后是永不言弃
——《不向命运屈服的科学巨星:霍金》读后感

学校:海宁市紫微小学　作者:徐楷皓　指导老师:汪　英

在伽利略逝世三百年后,霍金在英国出生了。他被誉为爱因斯坦之后,当代最伟大的物理学家。

霍金从小聪明机敏,喜欢把时钟、收音机拆开,研究它们的原理。高中时,他设计了一部名叫"露西"的电脑,震撼全校。

霍金在剑桥三一学院的第一个学期,他感到双腿疲软无力,走路跌跌撞撞。(写霍金开始得病,为下文的描写做了铺垫,凸显了霍金的坚强意志。)后来医生说他得了肌肉萎缩性侧索硬化症,会渐渐瘫痪,只能再活两年。

霍金放手一搏,对大爆炸和黑洞进行研究。他在1966年以一篇《奇异点与时空几何》获亚当斯奖。1988年《时间简史》出版,获沃尔夫物理学奖。2001年《果壳中的宇宙》出版。他在科学上的成就,都是发病后获得的。

合上《不向命运屈服的科学巨星:霍金》这本书,我的内心久久不能平静。如果一个人没有梦想,就没有希望。霍金依靠着坚强的意志,登上了人生、思想、宇宙的高峰。他摆脱了命运的束缚,百折不挠,克服了种种身体缺陷。霍金对待病魔和对待科学研究的态度,值得我们学习。

这让我想起了一句话:命运不会一直对你不公,如果它关上了一扇門,就会为你打开一扇窗。我一向体弱多病,班里同学有谁伤风感冒,头一个被传染的就是我,当然更多的情况是我是病毒的源头。由于体育不好,每年评比三好学生,总是没我的份儿,虽然我的其他科目成绩都是班里数一数二的。每个学期最不想参加的就是休业式,看着别人上台领取"三好学生"奖状,无言的落寞在心头啊!上个学期读了这本书,我暗暗地下定决心,要坚持下去,不退缩,永不言弃。每天放学后,学校操场上,留下我奔跑的身影;沙坑里,落下我腾飞的脚印;我家楼下,闪动着跳绳飞旋的影子。(小作者通过不同的场景描写,写出了"我"为了拿"三好学生"奖状的不懈努力。)这几个月来,有汗水,也有泪水,每当承受不住的时候,我的脑海里就闪现出霍金的形象,对,不能放弃,坚持下去才有希望!休业式上,我从老师手里接过"三好学生"奖状的时候,激动的泪水再也止不住了……

霍金是一个奇迹,比医生的预期多活了半个多世纪。他是一个不受轮椅禁锢的思想家,一个不向命运屈服的科学巨星。虽然我们很难取得霍金那样的成就,但是只要努力坚持,一定会有收获。如果放弃了,那就连机会都没有了。

点石成金

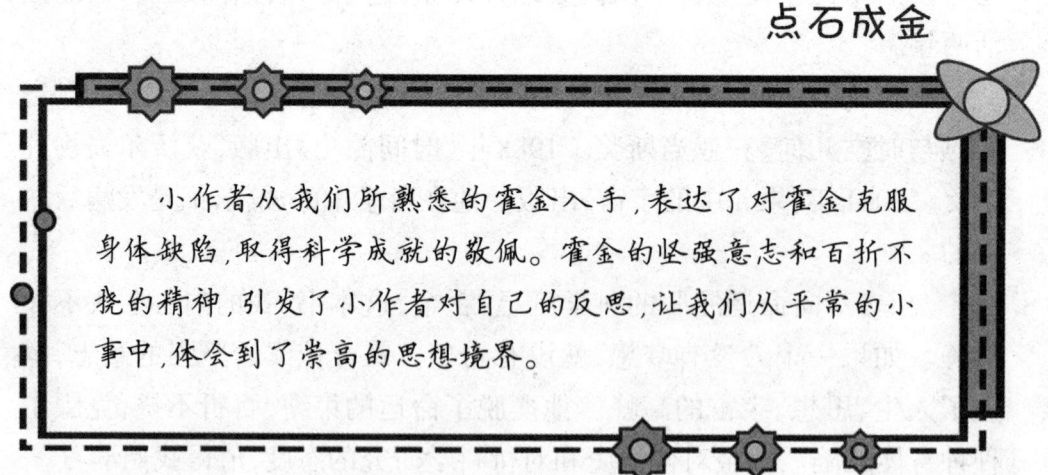

小作者从我们所熟悉的霍金入手,表达了对霍金克服身体缺陷,取得科学成就的敬佩。霍金的坚强意志和百折不挠的精神,引发了小作者对自己的反思,让我们从平常的小事中,体会到了崇高的思想境界。

学会感恩

——《义虎金叶子》读后感

学校:海宁市湖塘中心小学　作者:朱子苗　指导老师:凌　燕

　　在我阅读这本书之前,我一直在想:如果有人养一只老虎或者狼之类的动物当宠物,会有怎么样的体验,又会发生什么样的事情? 人类真的能和这些凶猛动物友好相处吗? 当我阅读完全书之后,我终于明白了。

　　这本动物小说的作者是沈石溪,我十分喜欢这位作者。书名把老虎取名为"义虎",为什么是"义虎"呢? 原来,书里的主人公"六指头",因为长有六根手指,常常被人们认为是会带来厄运的琵琶鬼,因此,只好隐居山林。自从认了小雌虎"金叶子"做女儿后,一切变得不一样了。过去,自己孤身一人,日子过得寡淡无味,现在有了女儿"金叶子",越忙活越开心。书里面讲到了许多关于"六指头"和"金叶子"的有趣故事,看得我爱不释手。但是令我印象最深刻的是故事的最后,可怜的"金叶子"为了救他阿爸——"六指头",死了。真是一只义虎,当时我才真正理解了"义虎"的含义。这种知恩图报、舍己救人的精神,让我敬佩不已。而我们有些人呢? 为了自己的利益,去伤害这些可爱、无辜的小动物,真是太可恨了。我觉得很多时候人与动物之间缺乏感情交流。如果增加一分对动物的关爱,那么,人与动物之间会越来越和谐的。(本段的描写由此及彼,层层深入,令人有恍然大悟之感,然后又转入深深的思考。)

189

不仅如此,这还令我想起了前天在腾讯新闻里看到的一则新闻:一个十二三岁的男孩子,因为妈妈不给他零花钱,就对他的妈妈大打出手。看完后,我大吃一惊,怎么会有这种人!妈妈生了我们、养了我们,为我们付出了那么多,他竟然会为了一点零花钱而对妈妈动手,真的一点都不知道感恩。

"金叶子"这种感恩的精神深深地影响了我,让我学会了感恩、学会了知恩图报。我看到爸爸妈妈因为工作时要用电脑,有了颈椎病,经常因为过度劳累而酸痛不已。我发现后,经常利用空余时间给爸爸妈妈按摩,让他们舒服一点,听说乳胶枕不错,就用自己的压岁钱给他们买了乳胶枕,让他们的颈椎病能得到缓解。(小作者用自己的实际行动证明了"我"对感恩的认识,事例真实而暖人,引人共鸣。)

我觉得,生活中要学会感恩,感恩父母、感恩老师、感恩朋友,要时时有颗感恩的心。就像鲁迅先生说的:感谢命运,感谢人民,感谢思想,感谢一切我要感谢的人!

点石成金

小作者从沈石溪动物小说入手,以书名的由来为切入点,引出"六指头"和"金叶子"的感人故事,令读者深刻地认识到动物的感恩之情以及人与动物的和谐相处,从而引发思考。文章联系生活实际,使表达的对象更广泛、更鲜明。

坚持不懈,才能获得成功
——读《侦探猫和幽灵狗》有感

学校:海盐县沈荡小学　作者:徐　岩　指导老师:许建曙

　　暑假里,我看了一本非常好看的书,这本书的名字叫《侦探猫和幽灵狗》。这本书主要讲有一个小岛,风景优美,吸引了世界各地的游客去游玩。可是有一天,一只可怕的幽灵狗咬伤了三个游客,引起骚乱,之后再也没有游客去游玩了。岛上的侦探猫迪丝和退休警犬安可联手破获了案件,并揭开了幽灵狗背后的真相。小岛又恢复了往日的热闹。

　　这本书语言风趣幽默,描写具体,把故事中的人物形象刻画得个性鲜明。故事情节也十分吸引人,让我百看不厌。侦探猫迪丝在探案中坚持不懈的精神给我留下了深刻的印象。比如有一次,迪丝要用身体撞开一扇门,却失败了,肚子重重地着地,痛得它哇哇直叫。当然,它可以因为疼痛直接躺在地上,但是它没有这样做。它又一次疯狂地站起来,还往后退了几步,加上助跑,再次用身体撞门。还有一次,迪丝为了救托福特,必须要过一条在悬崖边岩石上的钢索。它一上钢索,钢索就剧烈摇晃起来。但是迪丝并没有放弃。钢索勒进它敏感的爪子里,勒得它很痛,而且越往下走越陡峭,控制住身体不下滑越来越艰难,脚底也变得炽热疼痛。但是它始终不放弃,最后终于成功救出了托福特。(把迪丝坚持不懈的形象刻画得入木三分,读起来极具画面感。)

　　坚持,才能成功;坚持,才能胜利。读完了故事,我深深受到启发。

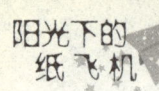

暑假,我参加了街舞兴趣班,有几个动作很难,我怎么也学不会,更跟不上音乐。真想放弃!迪丝坚持不懈的精神鼓舞了我,我每天看着老师发的分解视频一遍一遍地练习。我想一只猫能做到的,我也一定能做到。就这样,经过反反复复的练习,我终于学会了,而且还学得很好。到汇报表演时,老师把我从最后一排调到了第一排,这是对我的肯定和鼓励。我一定不辜负老师的期望,继续坚持不懈地努力学习,争取更大的进步。(小作者把跟不上音乐时的心情与汇报演出时的心情都细致地描写了出来,体现出自己的不断成长与变化。)

《侦探猫和幽灵狗》的故事在这个暑假给了我不一样的收获,我一定要把侦探猫迪丝坚持不懈的精神深深地烙在心中,让它在我今后的学习和生活中继续发挥作用,让我勇往直前。

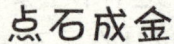

点石成金

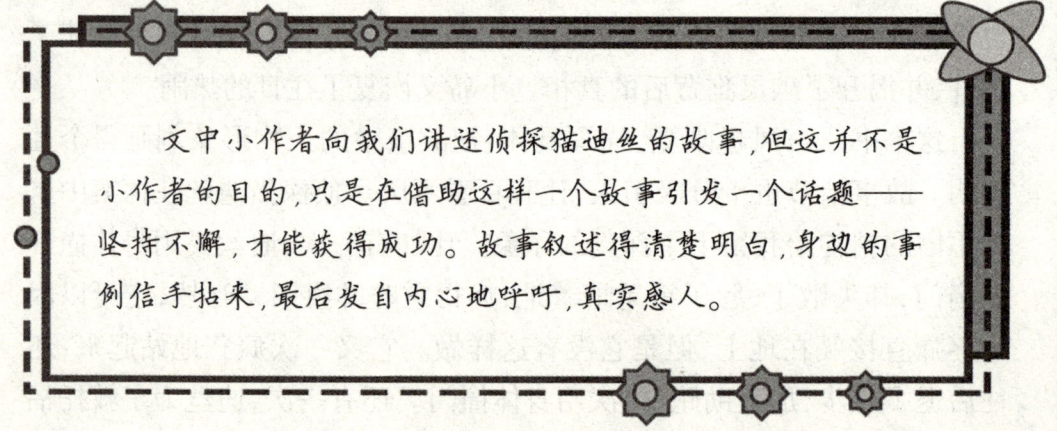

文中小作者向我们讲述侦探猫迪丝的故事,但这并不是小作者的目的,只是在借助这样一个故事引发一个话题——坚持不懈,才能获得成功。故事叙述得清楚明白,身边的事例信手拈来,最后发自内心地呼吁,真实感人。

努力奋斗　成就圆满
——读《失落的一角遇见大圆满》有感

学校:嘉善县第二实验小学　作者:李一成　指导老师:丁建萍

　　《失落的一角遇见大圆满》是由美国作家谢尔·希尔弗斯坦写的。这本书讲了这样一个故事:失落的一角——一个三角形,它本来认为自己有尖角没法滚动,所以一直在等待别人带它走。可是,没一个适合它。直到有一天,它遇见了大圆满——一个圆形,大圆满告诉它,可以尝试自己滚动。在大圆满的建议下,失落的一角经历无数次跌倒,慢慢向前移动,逐渐磨掉尖角,最终自己也成为了一个大圆满。

　　读了这个故事,我知道了,只有经过自己的努力,才能成为更好的自己。三角形不就是经历了千辛万苦才成为大圆满的嘛!

　　就像我写这篇读后感一样,一开始我无从下手,不知道怎么写,一直让妈妈教我写。可妈妈对我说:"你要学学失落的一角!"于是,我尝试自己写了一遍,然后在妈妈的帮助下修改一遍,再写,再改……终于,我完成了这篇读后感。(小作者能结合自己的真实事例,来反映"努力奋斗,成就圆满"这个主题,可见小作者已经深刻体会到了努力奋斗的真正含义。)

　　学习也好,交朋友也罢,都要自己付出行动,才能收获圆满。

　　我一直很失落,也很纳闷:为什么我一直交不到朋友? 读了这个故事,我明白了,原来我就是那个失落的一角,一直在等待别人主动找我玩。(把自己比喻成那个失落的一角,既生动形象,又贴切自然,也更凸显了"我"对这本书的所悟、所思、所想。)所以,我以后一定要主动交朋友,即使碰到困难,我也会坚持努力。三角形都能滚成圆,我相信只要我付出行动,我一定能找到自己的好朋友的!

《失落的一角遇见大圆满》这本书将一直鼓励我:只要我们肯付出行动,努力奋斗,我们就会有所收获。

点石成金

本文巧妙地运用了巧合,从读书到写作的巧合,再到自己交不到朋友的巧合,既在读者的意料之外,却又在生活的情理之中,很好地表现了主题。语言朴实,段落过渡自然,写出了真情实感。

从"懒孩子"到"超人"

——读《不上补习班的第一名》有感

学校:嘉兴市洪兴实验学校　作者:葛邱炎　指导老师:史燕萍

暑假里,我读了《不上补习班的第一名》,一看到这本书的时候我就觉得奇怪,不上补习班还能拿第一名? 怀着好奇心,我对这本书产生了浓厚的兴趣。

这本书讲了主人公小米,是个又懒又调皮,饭来张口、衣来伸手的懒孩子。我印象特别深刻的是这样一个情节:有一天,班上来了一个叫智律的同学,他因为父母不在身边,还要像个小大人似的照顾年迈的奶奶,什么事情都自己做,虽然不上补习班,但是学习成绩特别好。小米看到后感到很奇怪,心里想:我也要变成一个独立的人,她试了几次,虽然有时想放弃,但受到智律的影响就一直坚持着,后来,居然成功了。

看到故事一开始的小米,我就想到了自己,我也是一个"懒孩子"。老师布置的作业,我经常需要妈妈提醒,尤其是写作文的时候更离不开妈妈。有时妈妈让我自己思考,我还生她的气,觉得我的妈妈是语文老师,她可以教她的学生写,却不愿意告诉我。现在,我才明白原来妈妈是希望我自己去思考怎么写文章,不想让我变成一个处处依赖别人的"懒孩子"。*(看来妈妈对小作者的教育真是非常的用心,幸好聪明的小作者也发觉了妈妈的良苦用心。)*

自从二年级的下学期开始,我上了"佳音"的英语兴趣班,学完了第

一期的课程后,老师给我们提出了更高的要求,就是每天要进行英语听读打卡。一开始,我总是要妈妈提醒我:今天打卡了吗?然后才不情愿地去读英语,一天、两天、三天、一周、两周、一个月、两个月……现在我已经英语打卡第八十四天了,再也不需要妈妈的提醒了,打卡就像我每天吃饭、睡觉一样平常。我深深地感受到,只要坚持,再辛苦的事情也可以很开心。母亲节的时候,我还用坚持打卡的奖励跟老师换了贺卡送给妈妈,写上了"我的妈妈是超人"几个字。

如今,我也慢慢变成了"超人",自己的事情自己做,家里的事情一起做。在我们家,爸爸做菜,妈妈拖地,我会洗碗倒垃圾,这可是我们一家共同的约定哦。我也能为这个家做自己力所能及的事情,我特别骄傲。

点石成金

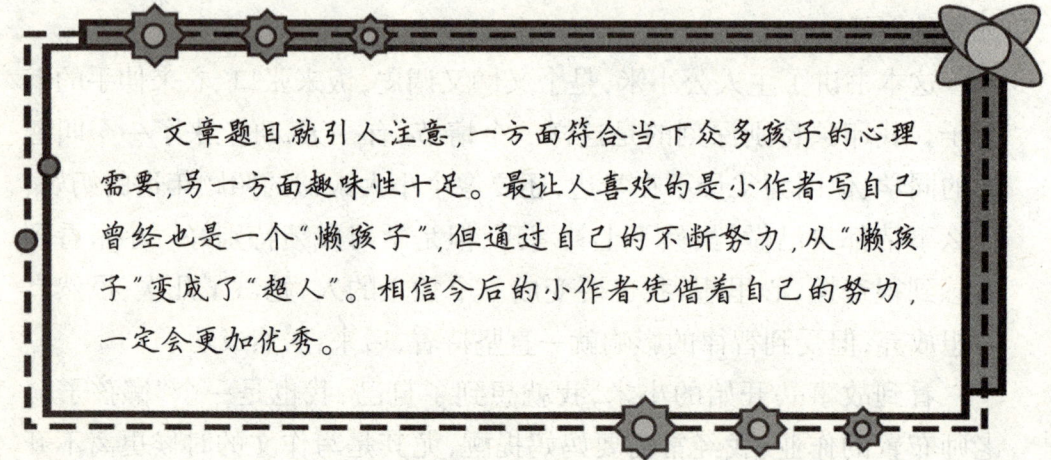

文章题目就引人注意,一方面符合当下众多孩子的心理需要,另一方面趣味性十足。最让人喜欢的是小作者写自己曾经也是一个"懒孩子",但通过自己的不断努力,从"懒孩子"变成了"超人"。相信今后的小作者凭借着自己的努力,一定会更加优秀。

感动，在文字中流淌
——《第七条猎狗》读后感

学校:嘉兴市塘汇实验学校　作者:胡昊阳　指导老师:孙利群

常喜欢在闲暇的时候,静静地手捧一本书,细细地读,美美地享受着那弥漫在一个个方块文字里的清香。《第七条猎狗》让我爱不释手,读了之后,让我对"生命"二字有了深深的感动。生命是高贵的,也是美丽的;是脆弱的,也是坚强的。

这本书描写了几个关于人和狗之间的故事,其中一个故事让我最受感动。它讲述了一个老猎人召盘巴和猎狗赤利的故事。赤利经常跟着主人出去打猎,一次打猎中,猎人召盘巴遇到了野猪的攻击,但赤利并未上前赶走野猪,而是跑了。召盘巴以为赤利是害怕逃走了,在狂怒之下把赤利绑在树下痛打了一顿。然而真相是召盘巴身后有一条眼镜蛇,赤利冒着生命危险与毒蛇进行着一场无声的搏斗,咬死了毒蛇。无论召盘巴多么嫌弃自己、冤枉自己,赤利仍然不离不弃,在一次和豺狗的对抗中失去了生命,用生命守护住了主人! 赤利用自己的实际行动体现了自己的价值和对主人最深沉的爱!(小作者将猎人的嫌弃与猎狗的不离不弃进行对比,令读者感触之余,更好地表达了"感动"的主题。)

合上书的那一刻,我的心久久不能平静。感动之余,我明白了大千世界,芸芸众生,无不是生命意义的演绎者。自古以来,狗一直是人类最忠诚的朋友和伙伴。这不由得让我想起了奶奶家那条狗,它叫"阿黄"。

每次我还没进大门，阿黄老远就会跑来，对我不停地摇尾巴，蹭我的腿，好像在说："我好想你哟！"虽然它听不懂我说的话，但这并不妨碍我们交流。(小作者紧扣阿黄"跑、摇、蹭"三个极富表现力的动词，把阿黄写得惟妙惟肖，令人读后觉得所见之景如在眼前。)

令人欣慰的是，生活中保护动物、爱护动物的人还是很多的。有人会义务救助流浪狗，帮助受伤的小鸟疗伤……可有些人却为了钱而大肆捕杀动物。动物是大自然留给我们人类的无价之宝，它们有智慧、有思想、有灵性，它们的生衍死灭与我们的生活密切相关！这个世界不仅是我们的，也是动物的。

深深浅浅的文字中，编织着朴素与善良，让我感动于生命的珍贵。每一个生命都是平等的，我们要善待身边的每一个生命！

点石成金

本文运用故事来烘托，把小作者想要表达的思想放在一个朴实而感人的故事里，放在一个平凡而真实的环境里，更好地表现了人物的内心世界，增强了文章的表现力。感人至深的同时，也让读者为那份真挚而朴实的感情动容。

热爱生命
——读《热爱生命》有感

学校:北京师范大学南湖附属学校　作者:高安妮　指导老师:徐文超

　　一直以来,我始终坚信自然界的生存法则是"物竞天择、适者生存",直到我读了杰克·伦敦的短篇小说《热爱生命》,它让我意识到,在人与自然的残酷斗争中,只要怀揣着对生命的无比热爱就能战胜一切。(把"我"之前的意识与读书后的感悟进行对比,让读者很自然地从对比中感觉到"我"的变化,从而鲜明地表现出热爱生命的主题。)

　　这本书赞美了"信念、勇敢、善良、坚毅"这些人类高贵的品质。其中,让我印象最深刻的是一个淘金者遭遇同伴抛弃后,在大自然的逼迫下,以他惊人的生命力和活下去的信念战胜了一切。

　　他为什么会有这么强的生命力呢?其中一个原因是他有着强大的内心力量——信念。作者笔下的他虽然被自己的同伴抛弃,但是他仍然相信同伴会在约定地点等他一起回去,并坚信能够靠自己的力量战胜艰苦的环境,这就是给予他强大动力的内心力量。有了这样坚定的信念,他就成功了一半。

　　另一个让我为之动容的是他勇敢、百折不挠和适应环境的能力。一路上,为了生存,他忍受着饥饿的折磨,吃着毫无营养的野果,吮吸着动物骨头的骨髓,吃着一些细小的生鱼,喝着病狼的血液,所有的这一切都没有把他打倒,他依然凭借着坚定的信念和顽强的毅力坚持着,始终没

有放弃活下去的念头。

　　他的心中一直充满着爱，他是那样的善良。当他在极度饥饿的状态下，发现了中途抛弃他的同伴——比尔的尸体时，出于对朋友的尊重，他宁愿自己忍受饥饿的侵袭，也不愿意用自己同伴的尸体充饥。

　　一路上，他忍受着饥饿的煎熬，忍受着伤痛的折磨，忍受着同伴的抛弃，面对重重的困难，面对生命的挑战，却永不言弃，这要有多么强大的内心啊，所以，他更是勇敢的。(小作者用排比的句式，富有节奏感和表现力，也突出了勇敢这种精神的难能可贵。)他失败了，因为他最后没有了金子，但他更是成功了，因为他活了下去。在这世界上，还有什么比生命更重要呢。

　　让我们一起善待生命，热爱生命，让生命怒放吧！

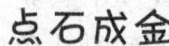

点石成金

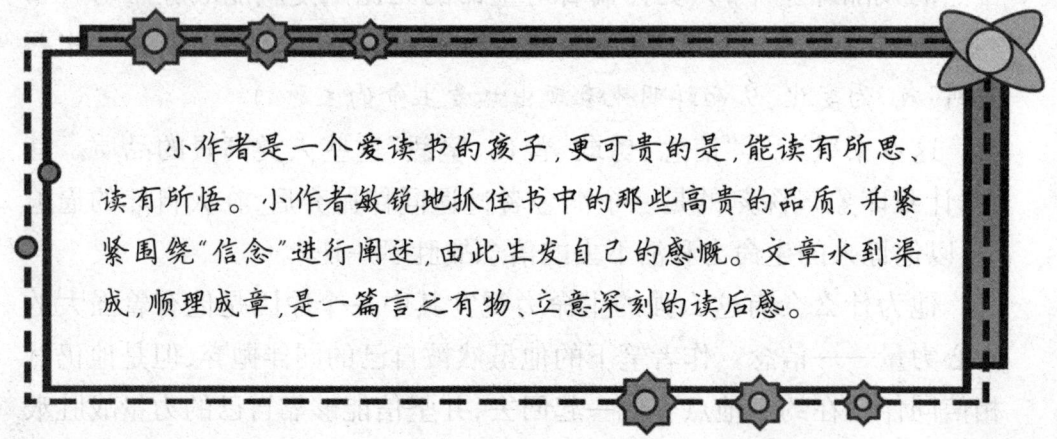

　　小作者是一个爱读书的孩子，更可贵的是，能读有所思、读有所悟。小作者敏锐地抓住书中的那些高贵的品质，并紧紧围绕"信念"进行阐述，由此生发自己的感慨。文章水到渠成，顺理成章，是一篇言之有物、立意深刻的读后感。

读《八十天环游地球》有感

学校:平湖师范学校附属小学　作者:王辰昀　指导老师:顾雅方

　　《八十天环游地球》是法国作家凡尔纳的一部著名的科幻小说,讲述了英国绅士福克先生与牌友打赌,要在八十天内环游地球一周回到伦敦的冒险故事。在这趟惊心动魄的旅程中,福克先生和他的仆人路路通克服了重重险阻,游历了包括中国在内的多个国家。他们一路斗智斗勇,还解救了善良美丽的奥姐夫人。可他们回到伦敦时,迟到了五分钟,当大家都认为福克先生赌输了时,事实却是福克先生不仅没有输,反而比预定的时间提前一天回到了伦敦。原来是因为他们从东半球回到了西半球时,跨过了"国际日期变更线"!哇,本书的故事太精彩了,最后的结局,也是耐人寻味。(小作者巧用了悬念的写作手法,把福克先生的精彩事迹简单呈现出来,紧紧地抓住了读者的阅读兴趣。)

　　读完这本书,我很佩服小说主人公福克先生,他在那个年代,只用了八十天就能环游地球。其实,福克先生正是凭着勇往直前、坚持不懈的精神才能完成壮举的。

　　在福克先生的环球旅行中,他的仆人路路通给他添了不少麻烦,比如:跟费克斯说话,告诉他主人的事情;没脱鞋就进寺庙;不经过思考就说话,让主人差点关禁闭;还有大银表不准时,让主人差点输掉……这些困难,正是由路路通的单纯、固执所造成的。

　　面对这些情况,福克先生表现的态度则是"兵来将挡,水来土掩"。

201

（巧妙地运用引用的方法，含蓄地将福克先生乐观自信的心态表达了出来，也为下文福克这一人物的描写埋下伏笔。）被关禁闭就交保释金；火车道没有修完，镇上交通工具又被抢光，他就花重金买下大象代步；错过了大客轮，他就出高价租下小船横渡太平洋；错过快车开车时间，就改乘专车……福克先生不畏艰难的精神是我应该要好好学习的，他依靠这股精神，在最艰难的时刻也一直保持着乐观自信、不言放弃的心态。

故事之余，这本书让我学到了很多地理知识，使我大开眼界。让我对19世纪的东、西方世界有了新的认识。原来，地球上还存在着一根"线"，叫国际日期变更线。因为有了这种无形的"线"，我们东半球的小朋友在迎接新的一天时，西半球的小朋友甚至还在"昨天"吃晚饭呢！想想也真奇妙！

我想我一定会再次细细品味这本书的，再次读懂福克先生，再次学习他遇事沉着冷静，总能以自己的智慧化险为夷的精神。我也欣赏路路通，虽说他缺点一大堆，不过他真的很忠心，是福克先生一路上的"战友"，又是奥姐夫人一路上的"医生"，还是费克斯侦探一路上的"敌人"。

小朋友们，如果你们还没有看过这本书，那就不要犹豫，快找来看吧！我相信你们一定会越看越入迷的。

点石成金

这篇文章充满了激情，从字里行间能体会到小作者对福克先生的敬佩之情。全文层次清晰，语句流畅，最后小作者用寥寥数语再次表现出自己对书的回味无穷，以及对福克先生的敬佩之情。由此可见，小作者是个爱读书之人、爱思考之人，值得表扬。

做一只快乐的书虫

——《书虫的城市》读后感

学校:桐乡市实验小学教育集团城北小学　作者:沈周依　指导老师:孙巧玲

　　同学们,在你的阅读旅程中是否遇到过让你眼前一亮、心中一热,能指引我们行动的好书呢?新华书店假期推出的《书虫的城市》就是这样一本好书。(在开头就以设问的方式引出主题,既增加了趣味性,又突出了主题,小作者的构思很巧妙!)

　　这本书,带领我们走向了一个神奇的世界,书中的每一个小故事都非常吸引我。在杜小默的卧室里,有一个书架,书架上住着好多好多的书,书里竟然有书虫,书虫们很喜欢看书。读着读着,我仿佛进入了书虫的世界,和它们一起经历着所有的事情。如果你要问我最喜欢谁,我会毫不犹豫地告诉你——我喜欢黑泥。

　　我喜欢黑泥,它是一只与众不同的书虫。别的书虫都是白色的,它却是黑色的,像涂了一层荷塘里的淤泥,它"黑泥"的名字就是这样来的。它是一只会看书、会讲故事,还会写信的书虫,它认为读书是一件十分美好的事。

　　我喜欢黑泥,它是一只热心肠的书虫。当杜小默不喜欢看书时,它就用自己的行动帮助杜小默爱上了读书,带杜小默去书虫城市做客,看书虫们别具风格的菜谱。在笨笨家里,杜小默在黑泥的鼓励下还给怜怜讲了两个故事,其中一个故事被书虫广播站播出,杜小默也因此成了"大

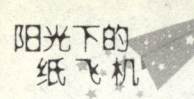

明星"。从此,杜小默和书虫们交上了朋友。书虫们也有了新的愿望,从此不吃书,去读书,保护书,编好听的故事。(语言简洁,条理清楚,用简单的语句将书中的内容进行了梳理,让读者一看就明白,同时也使黑泥的形象更加丰满,更加鲜明。)

我喜欢黑泥,它是一只有梦想的书虫。一开始,当黑泥告诉大家它要写书时,大家都很吃惊,都不太相信,但是黑泥并没有因为大家的质疑而放弃自己的梦想。它不仅用善良帮助杜小默爱上了阅读与写作,同时它也用行动实现了自己的梦想,成为了一只会写书的书虫。

我喜欢黑泥,喜欢它的与众不同,喜欢它的热心肠,更喜欢它的善良与追求梦想时的努力。《书虫的城市》让我走进了一个不一样的世界。它让我懂得:书是我们的好朋友,带领我们走向知识的海洋。读了这本书,我更加热爱看书了,我要做一只书虫,一只像黑泥一样有梦想、有爱心、乐于助人的快乐书虫。

点石成金

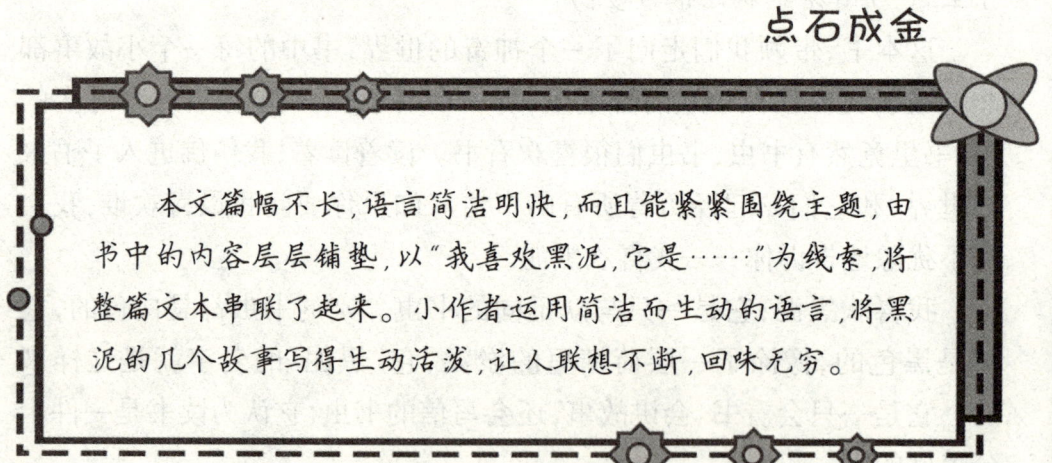

本文篇幅不长,语言简洁明快,而且能紧紧围绕主题,由书中的内容层层铺垫,以"我喜欢黑泥,它是……"为线索,将整篇文本串联了起来。小作者运用简洁而生动的语言,将黑泥的几个故事写得生动活泼,让人联想不断,回味无穷。

书让我学会独立

——读《爸妈不是我的用人》有感

学校:嘉兴市秀洲区梅里小学　作者:祝梦妍　指导老师:韩丽芳

　　名人玛克西姆·高尔基曾说:"书是人类进步的阶梯。"我爱读书,因为读书不仅让我学到很多知识,还能帮助我成长。相信很多同学都看过《爸妈不是我的用人》这本书。打开书本,我就被里面的开头吸引了:"每天早上或放学后,你是否需要父母的三番五次催促,你才会起床,才会做作业? 平日里遇到各种难题,你是否想也不想就推给父母? 生活需要父母的照顾,学习需要父母的帮助,有什么不对吗? 这样我们就不必担心做不好事,不必担心犯错误。但你是否想过这样下去的结果是什么呢?"我想从这本书中找到答案,于是一口气把整本书都看完了。

　　这本书的主人公胡小闹就是这样,每天被父母像王子一样伺候着。早晨爸爸叫他起床、刷牙,还给他穿衣服。妈妈则给他做饭、送他上学,路都不用走,完全依靠爸爸妈妈。直到有一天,他们老师高歌要胡小闹等人去贫困山区体验生活。有一个男孩让胡小闹感到特别"恶心"。那个男孩名叫李达,他的身上又黑又脏,下巴上还有一块泥巴。出人意料的是胡小闹要在他家里住上一周。当胡小闹来到李达家之后,才发现他们家里一贫如洗,但李达却很懂事。奶奶长年病着,爸妈在外面打工,于是他便承担起了整个家庭的重担,洗衣做饭,包括干农活等,他还每天坚持给奶奶按摩。因为爷爷奶奶牙齿不怎么好,他每次都会把饭煮软一

205

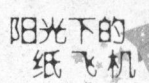
点,把菜烧熟一点。胡小闹被感动了。从李达家回来以后,胡小闹的心理开始发生了180度的转变,他把李达当成自己学习的榜样,不再把爸妈当成自己的用人,开始自己吃饭,自己整理床铺,也会和同学好好相处了。(本段的描写,小作者巧用对比,通过胡小闹与李达的对比,以及胡小闹前后的对比,使作者想表达的意图更明确地呈现出来。)

看完这本书,我心潮澎湃。我对照起自己来,我也是经常在放学回家时打开书包才发现这个作业没带那个作业不见了,然后急得像热锅上的蚂蚁团团转,求助妈妈。(小作者联想到自己没带作业本的情境,巧用比喻的形式,写出了着急的心情,同时,又带着点诙谐的幽默。)作业不会时,也求助妈妈……妈妈总是会想尽办法帮我解决问题,让我无后顾之忧。看完书,我才发现我实在是太依赖妈妈了,感觉没有妈妈的帮忙我什么都不会,什么都完成不了,真是一条活脱脱的"寄生虫"。这样发展下去,将来还有谁可以让我依赖呢?现实生活中,像我这样的孩子还有很多,所以我们不能再凡事都依靠父母,甚至完全依赖父母,我们要学会独立,自己照顾自己,自己解决困难,自己的事情自己拿主意,用实际行动告诉父母:我们长大了,已经学会独立了!

点石成金

小作者从一句名言引出自己想表达的内容,很巧妙。本文的主题有深度,中心突出,语言流畅,段落衔接紧密,写出了"我"对《爸妈不是我的用人》一书的深刻认识。条理清晰,言语朴实而带有一点"风趣",令人读而不厌,又催人进行更深层的思考,受益匪浅。

养成读书习惯

　　郭沫若曾写过一副读书联：读不在三更五鼓，功只怕一曝十寒。意思是说，读书要靠平时下功夫，不能一心血来潮就加班加点搞突击。要想获得成功，必须锲而不舍，持之以恒，决不能时而勤奋时而懈怠。

守株待兔

　　宋人有耕田者，田中有株，兔走触株，折颈而死。因释其耒而守株，冀复得兔，兔不可复得，而身为宋国笑。

◇学校：嘉善县实验小学南校区　◇作者：杨屹南　◇指导老师：张中雯

读书小报

警句

卷,下笔如有神——杜甫

行万里路 ——刘彝

先,立学以读书为本——欧阳修

,谓心到,眼到,口到。

——朱熹

荐

《我的野生动物朋友》

小蒂皮10岁回到巴黎后所写

各种野生动物生活在

人故事和亲身感受. 不仅

而且能唤起人们保护野

意识. 本书侧重纪实性.

趣味性、奇异性. 是一本

得一看的书.

名人名言

书籍是人类进步的阶梯。在阅读的过程中，许多名人名言都激励着我们，有告诉我们阅读方法的，有告诉我们读书好处的，下面，分享给大家几则名人名言。

- 读书这没无他，惟是专志虚心，反复详玩，为有功耳。—— 朱熹
- 读书是学习，摘抄是整理，写作是创造。—— 吴晗
- 热爱书吧——这是知识的泉源。—— 高尔基
- 理想的书籍，是智慧的钥匙。—— 列·托尔斯泰
- 好的书籍是最贵重的珍宝。—— 别林斯基

与同学们共勉。

书海拾贝

阅读能让我们获得大量的知识和智慧，养成好的性情，阅读的好处实在太多了，让我们大家一起来了解一下吧！

1. 增强语言能力。喜爱阅读的孩子能从书中领悟意念，欣赏语言美妙。

2. 增加知识。阅读可以让我们涉猎多方面的知识，例如：文学、历史、地理、科学等，增广见闻，对学习大有裨益。

3. 提升写作能力。喜欢阅读的孩子掌握的语言文字的能力，往往超越同级同学，不必背诵，死记而能取得好成绩，因为阅读提升了写作能力。

4. 独立思考能力。阅读能边读边吸收边分析，锻炼了独立思考的能力。

让我们一起阅读，爱上阅读吧！

的自

定和本

个惊人的

谓汗牛充

◆推荐理由：

一种令人愉悦的

◇学校：海盐县向阳小学　◇作者：胡曦元　◇指导老师：徐明霞

中的好词佳句都是值得
品味，反复鉴赏的。今天
好词佳句来滋养一下我们渴望求知的心灵！

好词佳句

满天的星星又窜又位，它们声息全无，而看来只
觉得天上热闹。一核月亮像形容未长成的女
孩子，但见人已不差涩，光明和轮廓都清新露。钱钟书《围城》

■ 月光如流水一般，静静地泻在这一片叶子和花上。薄
薄的青雾浮起在荷塘里。叶子和花仿佛在牛乳中洗
过一样；又像笼着轻纱的梦。朱自清《荷塘月色》

细细品味一下哦！

好书推荐

◆ 推荐书目：《犀牛大逃亡》

◆ 作者：[英国] 劳伦娟 著 卢佳颖 译

花娟，英国著名青少年小说家，成长于非洲的津
书，是兰登书屋、舒斯特等世界名流力捧的作家。
"星星点点，"旅行团参观莎法博纳之后，保护区
袭击，留下虚弱无助的犀牛幼崽。绝望的误汀来
眼公园的避难所疗伤。然而，避难所里藏着一
力保护着另一头拥有非洲最长犀牛角的母犀牛。
保卫犀牛的战斗，他们该相信谁呢？

、构思奇特、根称完美的这版小说是
为儿童经典的素养。

◇学校：嘉善县第二实验小学　◇作者：叶泓邑　◇指导老师：皮加园

手抄报 品味书香

浮冰上的小熊

读书感想：
爸爸妈妈总是无私
的爱着小孩子为它
们遮风挡雨，我们要给
他们减少烦恼。

人类破坏环境让
小动物们都死了，我
们要保护环境，保
护动物，让人类的生活
变得更美好。

好书推荐

文/图：(法)安德烈·德昂
翻译：林雨洁

小熊一家幸福地生活在一块巨大的浮冰上。一天晚上，小
熊家住的浮冰突然往下沉！熊爸爸和熊妈妈只好一边
保护小熊，一边全力逃跑，它们终于找到了一块能让它们住的小浮冰，但
是过了一会儿，浮冰融化了一些，熊爸爸和熊妈妈已经住不下了，它们只好
把小熊留下去找找其它浮冰。第四天，这块浮冰融化的小熊也住不下了，小熊
掉到冰里。忽然，小熊看到一根绳子，好奇地抓住了，没想到这样的绳子
竟然拉着它飞了起来。

好书大家读：
《三毛流浪记》《小仙女艾丽斯》《阿文
的小毯子》《猜猜我有多爱你》《大个
子老鼠小个子猫》

好书乐园

主编：杨徐骁

承诺的分量
——读《夏洛的网》有感

承诺的分量是无比重的。要给了别人一份承诺，就必须尽力完成。然而谁能把承诺演绎得十全十美？当然是那只名叫夏洛的蜘蛛。她用写着字的网，经过几个晚上的编织，终于完成了对小猪威尔伯不可能完成的承诺，改变了小猪威尔伯的一生。而小猪威尔伯来不及感谢，夏洛就因生孩子死去了。

夏洛的网上有什么？当然是那一点一滴的诚信和友谊。如果你想获得最珍贵的友谊，那就从现在开始，播种诚信吧！

若不读书只听无数道理，却仍旧过不好一生。（韩寒）

年少读书，如隙中窥月；中年读书，如庭中望月；老年读书，如台上玩月。（张潮）

读书不是为了雄辩和敢斥，也不是为了轻信和盲从，而是为了思考和权衡。（培根）

名人名言

华罗庚把读书过程归结为"由厚到薄"、"由薄到厚"两个阶段。当你对书的内容真正有了透彻的了解，抓住了全书的要点，掌握了全书的精神实质后，读书就由厚变薄了，愈是懂得透彻，就愈有薄的感觉。如果在读书过程中，你对各章节又作深入的探讨，那么，书又会愈读愈厚。这就是双向过程。

华罗庚 厚薄法

书中拾贝

在我国的无数名山中，有五座山因为景色独特，富有文化内涵被称为五岳，它们是：东岳泰山、西岳华山、南岳衡山、北岳恒山、中岳嵩山，其中东岳泰山为五岳之首。

在我国广阔的土地上，湖泊星罗棋布，其中洞庭湖、鄱阳湖、洪泽湖、太湖和巢湖被称为我国五大淡水湖。

◇学校：上海外国语大学附属浙江宏达学校　◇作者：杨徐骁　◇指导老师：沈卫东

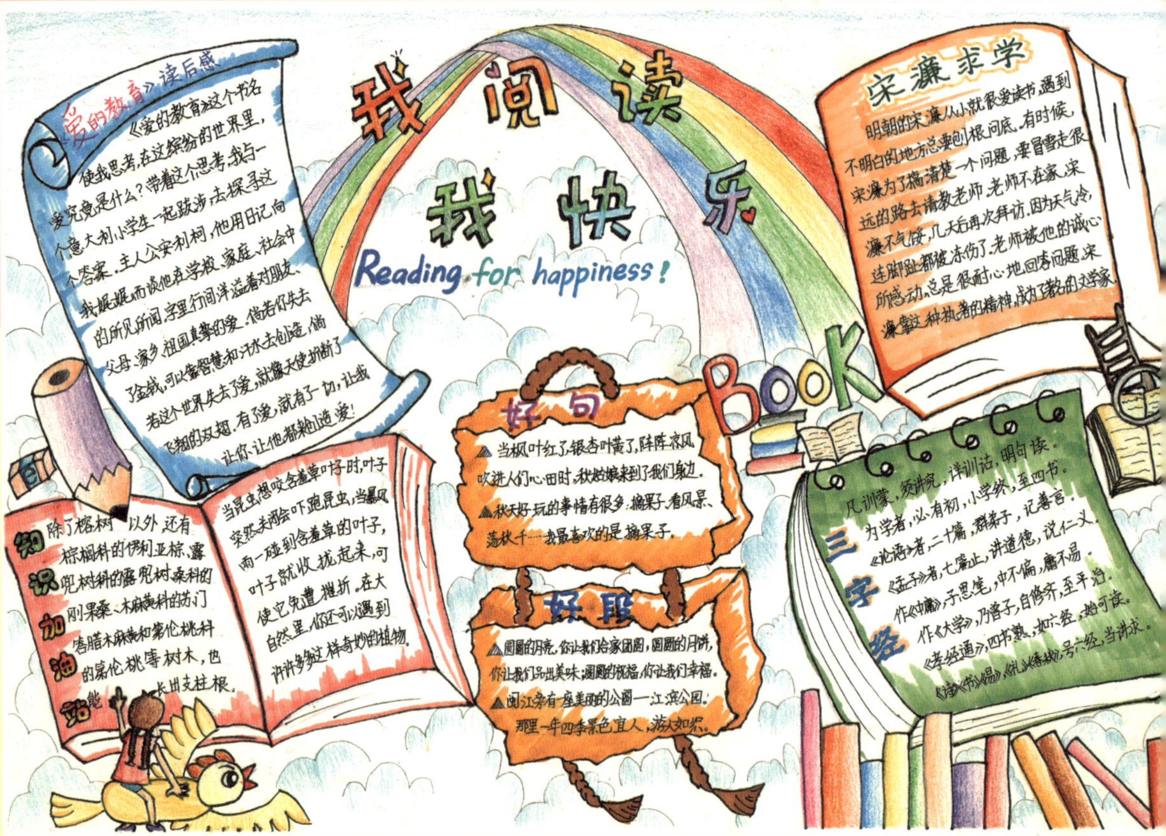

我阅读
我快乐
Reading for happiness!
《爱的教育》读后感
宋濂求学
BOOK
好句
好段
知识加油站
三字经

◇学校：海宁市仰山小学　◇作者：陈果　◇指导老师：陈华良

◇学校：嘉兴市秀洲区油车港镇实验小学 ◇作者：吴彦歆 ◇指导老师：吴秀珍

读书三做到
心到 眼到 口到

读书方法
泛读，精读，通读，跳读，速读，略读，再读，写读，序例读，选读，摘抄。

读书小报

阅读的好处

读书是通往梦想的一个途径，读一本好书，让我们得以明净如水，开阔视野，丰富阅历，益于人生。人一生就是一条路，在这条路上的蹒跚痕迹成为我们每个人一生唯一的轨迹，此路不可能走第二次。

读书感悟

书是灯，读书照亮了前面的路；书是桥，读书接通了彼此的岸；书是帆，读书推动了人生的船。读书是一门人生的艺术，因为读书，人生才精彩！

读书是一种提升自我的艺术。"玉不琢不成器，人不学不知道"。读书是一种学习的过程。一本书有一个故事，一个故事叙述一段人生，一段人生折射一个世界。"读万卷书，行万里路"。

读书心得

昆虫记

主编：201 钱奕文

简介

《昆虫记》，是法国昆虫学家、文学家法布尔创作的长篇生物学著作，共十卷。这是一本讲昆虫生活的书，涉及100多种昆虫。作者将昆虫的多彩生活与自己的人生感悟融为一体，用人性去看待昆虫，透出对生命的尊敬。

主要内容

《昆虫记》记录了昆虫真实的生活，表述的是昆虫为生存而斗争时表现出的灵性。它是法布尔的研究成果，创作心血。

读后感：
我非常佩服作者法布尔。他用一生的时间来观察、研究虫子真是奇迹。

好词佳句

如临大敌　不可一世
不折不扣　参差不齐
不动声色　三三两两
年轻力壮　诡计多端
消耗　　　清脆
轮流　　　开辟
低吟浅唱
相安无事
大势已去

◇学校：嘉善县杜鹃小学　◇作者：钱奕文　◇指导老师：芮琼

读书小报

读书心得

我喜欢读书,因为一本好的书蕴含着丰富的知识和美好的情感,阅读一本好书就是跨越时间和空间,同睿智而高尚的人对话。读书使我丰富了知识,净化了灵魂。书是知识的海洋,它在潜移默化之中开拓了我的眼界提高了我的才干。书是一把金钥匙为我打开知识宝库的大门,读书就像太阳为我照亮美好的前程!

养成读书好习惯

养成每天读书的习惯
养成专心读书的习惯
养成做读书笔记的习惯
养成浏览默读的习惯
养成读书思考的习惯
养成查工具书的习惯
养成目的阅读的习惯
养成勾画重点的习惯

读 窗边的小豆豆

《窗边的小豆豆》主要讲的是作者在上小学时因淘气被原学校退学,她来到了巴学园。在小林校长的爱护下和引导下在一般人眼里怪怪的小豆豆渐渐变成了一个个大家都能接受的孩子。
读完这本书,我除了喜欢天真可爱的小豆豆,更被小林校长那种爱护同学的心而感动。
我喜欢《窗边的小豆豆》

享受读书的乐趣

书籍,是知识的海洋,无穷无尽。书籍是童话的乐园,犹如仙境一般。书籍,拥有迷人的美景,让我陶醉其中。走进童话的世界,你会发现这个世界是多么的奇妙。读过《卖火柴的小女孩》你会忍不住地产生同情之心,想伸出援手帮助她,陪伴她度过那个寒冷的圣诞夜。读过《丑小鸭》你会发现在遭遇不幸,遇到挫折与困难时,只要永不放弃坚持到底,便会像文中的丑小鸭那样,最终成长为一只美丽的白天鹅。在童话的国度里,你会感到世界的奇妙,犹如走进了仙境一般,这便是读书的又一大乐趣!

名人名言

读书何所求将以通事理
——张维屏
劳于读书,逸于作文
——程端礼
为乐趣而读书
——毛姆

三(1)班
王亦晨

◇学校:嘉善县实验小学 ◇作者:王亦晨 ◇指导老师:屠韵芳

书香世家

读书名言：
1. 敏而好学，不耻下问。
   ——孔子
2. 业精于勤，荒于嬉；行成于思
   毁于随。
   ——韩愈
3. 学而不思
   则罔，思
   而不学则
   殆。
   ——孔子
4. 知之者不如好
   知之者，好之者
   不如乐之者。
   ——孔子
5. 三人行，必有我师也。
   择其善者而从之，其不善
   者而改之。
   ——孔子

开卷　有益

我国唐代伟大 诗人杜甫有句名言："
读书破万卷，下笔 如有神。"《三国志》
中也有记载："读 书百遍，其义自见。"
古人对读书尚有精辟 的论述，何况生活在高
科技时代里的我们，更应该坚持读书，不断
充实自己。

第一，读书可以开 阔视野
每个人的生命的有 限的，通过读书，可
以丰富知识，拓宽视野。读得书多了，自然就
懂得多了，"博学广识" 也就是这个道理。

第二，读书可以陶 冶情操
第三，读书可以提 高写作水平
我们每一个人都有 过为作文章而发愁的
经历。读书过程中， 让你欣赏到了许多优美
词句，可以学习和借鉴。

读书名言：
6. 己所不欲，勿施
   于人。
   ——孔子
7. 读书有三到，
   谓心到，
   眼到，口到。
   ——朱熹
8. 黑发不
   知勤学早，白
   发方悔读书
   迟。
   ——颜真卿
9. 书籍是巨大的力量。
   ——列宁

書香　雅韵

◇学校：桐乡市濮院小学教育集团毛衫城小学 ◇作者：廖亚杰 ◇指导老师：张金金

读书小报

《鲁滨孙漂流记》推荐专辑

作者介绍

丹尼尔·笛福（1660-1731）——在第18世纪英国与欧洲小说之父。笛福生于伦敦一个油烛商家庭，年轻的时候，是一个成功的商人。在从事商业的同时，他还从事政治活动。笛福写《鲁滨孙漂流记》时，他已经59岁了。他创作的小说对英国及欧洲小说的发展都起了巨大的影响及作用。

内容简介

小说讲述了一个叫鲁滨孙的英国水手流落到了无人的荒岛，在进退无路的情况下，他开始想办法自救。他靠自己的双手，用了十九年把荒岛变成了"世外桃源"，他还救下了野人"星期五"，和他共同生活。最终他们离开了荒岛。

好句摘录

● 一个人只是呆呆地坐着，空想着自己所得不到的东西，是没有用的。

● 我们老是感到缺乏什么东西而不满足，是因为我们对已经得到的东西缺乏感激。

推荐理由

《鲁滨孙漂流记》是一部具有持久耐力的小说，它出版于一七一九年，二百八十多年以来，不仅早已飞出了英伦三岛，而且以种种不同的形式飞到世界各地，落地生根，成为外国名著中的一朵名花奇葩。它也是一本雅俗共赏、老少皆宜的一本好书。

六○一班 邵嘉怡 编辑

◇学校：嘉善县第二实验小学 ◇作者：邵嘉怡 ◇指导老师：沈超

读书小报

古文欣赏

守株待兔

宋人有耕田者，田中有株，兔走触株，折颈而死，因释其耒而守株，冀复得兔。兔不可复得，而身为宋国笑。

读书

读书是一次旅行
漫步是自己的心灵
打开自己让文字带着思想旅行
沿途山川河流有靓丽风景
这是快乐的供赏
也是幸福的涌现

画蛇添足

楚国有位官宦，在一次祭祖之后赏赐给手下人一壶美酒。但是手下人比较多，实在没能分。于是有人提议说："不如我们来个画蛇比赛，谁先画好，谁就享用这壶美酒，大家看怎样？"众人都表示同意，纷纷折下柳枝，在地上画起蛇来。其中有个人画得很快，没一会儿功夫就画好了。他拿起酒壶就要喝，但为了显示自己的才能，于是左手拿酒壶，右手挥着柳枝说："我还能替蛇添上脚。"蛇脚还没画完，这时又有另一个人画好了蛇，这人一把夺过他手中的酒壶，说："蛇本来就没有脚，你却要为它画上脚，现在这壶酒属于我了！哈哈！"

歇后语

- 水滴石穿 ——非一日之功
- 早开的红梅 ——一枝独秀
- 砌墙的石头 ——后来居上
- 关羽失荆州 ——骄兵必败
- 王羲之写字 ——入木三分

好书推荐

- 海底两万里
- 天空在脚下
- 男生贾里
- 妈妈走了
- 獾的礼物

◇学校：嘉善县吴镇教育集团吴镇小学　◇作者：姜宸昕　◇指导老师：刘玉妹

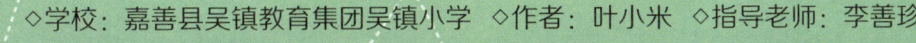
◇学校：嘉善县吴镇教育集团吴镇小学 ◇作者：叶小米 ◇指导老师：李善珍

书海畅游

好书推荐

推荐书籍：《罗尔德·达尔作品集》

推荐理由：奇幻文学大师罗尔德·达尔的系列作品，以其构思奇特、想象力丰富的故事情节，在少儿读者心中掀起狂潮。

推荐书籍：《昆虫记》

推荐理由：法布尔先生写的《昆虫记》非常朴素和优美，他把一部严肃的学术著作写成了优美的散文，让人们不仅获得知识，更能获得美的享受。

读书名言

· 饭可以一日不吃，觉可以一日不睡，书不可以一日不读。 ——毛泽东

· 年少读书，如隙中窥月；中年读书，如庭中望月；老年读书，如台上玩月。 ——张潮

· 文章是案头之山水，山水乃地上之文章。 ——林语堂

书香伴暑假

班级：六　姓名：胡艾佳

好词积累

国色天香　鹤发童颜
眉清目秀　和蔼可亲
杯水车薪　张牙舞爪
愁眉苦脸　冰清玉洁
雍容华贵　千山万水
水滴石穿　水乳交融

好句摘抄

有志者，事竟成，破釜沉舟，
百二秦关终归楚；苦心人，天
不负，卧薪尝胆，三千越甲可
吞吴。
即使爬到最高的山上，一次
也只能脚踏实地地迈一步。

读书忌死读，死读钻牛角。一叶到随
读书百遍，其义自现。一三国志。
积财千万，无过读书。一颜之推

读书的名言

三更灯火五更鸡，
正是男儿读书时。
黑发不知勤学早，
白首方悔读书迟。
唐·颜真卿

匡衡借光读书

匡衡勤奋好学，但家中没有蜡烛照明，
邻家有灯烛，但光亮照不到他家，匡衡就
把墙壁凿出一个洞引来邻家的光亮，让光亮照
在书上来读。同乡有个大户人家叫文不识的是有钱的
人家中有很多书，匡衡就到他家去做佣，又不要报酬，
当主人知道了这件事，就把书借给他，于是匡衡成名了。

我读了一本书，这本书的名字《收宝葫芦的
密》，主角在湖边钓鱼，钓着钓着就睡着了，他
做了个梦，梦见他钓到一个宝葫芦要什么就什么，
要一大堆玩具，都他家作业，学他干任何事情，不过只
能在没人的时候才行，要不然就不是了，但最后他发现要
他，就算有什么反而是自己用劳动换来的。
《收宝葫芦的秘密》读后感

◇学校：嘉兴市秀洲区王江泾镇金跃小学　◇作者：胡艾佳　◇指导老师：钟丽燕

阅读天地

陆悦豪 403

读书名言

外物之味，久则可厌，读书之味
愈久愈深。——程颐

读书使人充实，讨论使人机智，笔记使人准确，读史使人明智，读诗使人灵秀，数学使人周密，科学使人深刻，伦理使人庄重，逻辑修辞使人善辩。——培根

名诗

《读书有所见作》 [清代] 萧抡谓

人心如良苗，得养乃滋长。
苗以泉水灌，心以理义养。
一日不读书，胸臆无佳想。
一月不读书，耳目失精爽。

暑假阅读清单

习近平讲童年的琴键

幻船少年

绝境狼

哈利·波特与密室

哈利·波特与魔法石

草房子

男生贾里

名人读书故事

记得我很小的时候，那时也就是五六岁，母亲带我去买书。当时我父亲在中央党校工作，从中央党校到西苑的路上，有一家新华书店，我们搬家想去路母亲就催着我，到那儿一天一本的买书，当时市面可能不多，一个足以看完一本，一套很多本里面有书是《岳飞传》的还有一个连环画是讲精忠报国这个故事，母亲都给了我，回到家以后她就给我讲精忠报国岳飞的故事，我就把岳母刺字整那，是来，但这里话记住了

《摘自2016年10月14日《道率芯桃》的文学情境》

李白小时候逃学去玩，看到一位老婆婆在石头上磨一根铁杵，就上前问她在干啥，老婆婆说："我在磨针。"李白吃惊地问，"铁杵怎么细又怎么能磨成针呢？"老婆婆说："只要天天磨铁杵总能越磨越细还怕磨不成针？"聪明的李白听后，心中断愧，从此发奋读书，成为大诗人

Reading books

读后感

浓浓的父爱

这个暑假，我读了许多书，印象最深刻的一本书要数《爸爸与魔山海恋》中的爸爸啊。

这本书的主题是一个母亲死亡，父亲失踪的，但却喜欢受这样的男孩一厘可可。他为了寻找失踪的爸爸，在午夜十二点登上了艘叫做"独眼巨人号"的大船，从此开始了他的探险。这本书描写着，其中最让我感动的是厘可可的爸爸落入迷海后，想到让上看一眼自己的宝贝儿子，不惜吃下海任婆婆的魔变成了半人半鱼的，他穿过凶险的游涡，打败了危险的美杜莎海妖比和巨大的章鱼，终于看到了

厘可可，读到这里我想起了自己的爸爸。

暑假的一天，我因为一碗馄饨烫嘴外婆大动肝火。爸爸打开了耳光我大哭起来，爸爸说，父母是出热的秘诀跟两代地分不清的脾气，爱要发脾气说是的很暴长辈的方式从了我相信你们是个好孩子，快会改正，爸爸色那们道歉灯灯泡是不对，但爸爸希望你好好学习好好做一个听话的好孩子

这就是我爸爸，他深深地爱着我，他爱我我却不知道，等等浓浓的父爱啊！

◇学校：嘉兴市辅成教育集团　◇作者：陆悦豪　◇指导老师：吴淑雍

◇学校：嘉兴市秀洲区王江泾镇中心小学　◇作者：莫恺亿　◇指导老师：仲晓燕

快乐阅读吧

猜一猜

有时落进山坳，
有时挂在树梢。
有时像个银盘，
有时像把镰刀。

（猜一自然景观）

好诗

望庐山瀑布
唐 李白
日照香炉生紫烟，
遥看瀑布挂前川。
飞流直下三千尺，
疑是银河落九天。

星星的梦

星星总是爱做梦，
它做了三个梦。
第一个梦，星星梦见
它和太阳在一起，
手拉手散步。
第二个梦，星星梦见
它被月亮吃了，
它是个星味的馅饼，
月亮舔着嘴唇说：
"真好吃！"
第三个梦星星梦见
它不会游泳，
在银河里飘啊飘，
找不到方向。
星星真好玩，
它还会做其他梦吗？

庐山游
二（3）班 莫恺亿

有一年的寒假，爸爸带我们去了庐山。我们的小汽车开在上山的路上，一边是山，一边是悬崖，吓得我都不敢睁开眼睛看。到了庐山，我看到了李白诗中的瀑布。妈妈说，因为不是雨季，所以没有看到"飞流直下三千尺"的状观，我心想，以后长大了，一定还要再来看一次。每走进一个地方，妈妈都会给我和姐姐讲述这里的典故。
我很开心能去到李白诗里的地方！

好书推荐

◇学校：嘉善县第二实验小学　◇作者：韩昊　◇指导老师：皮加园

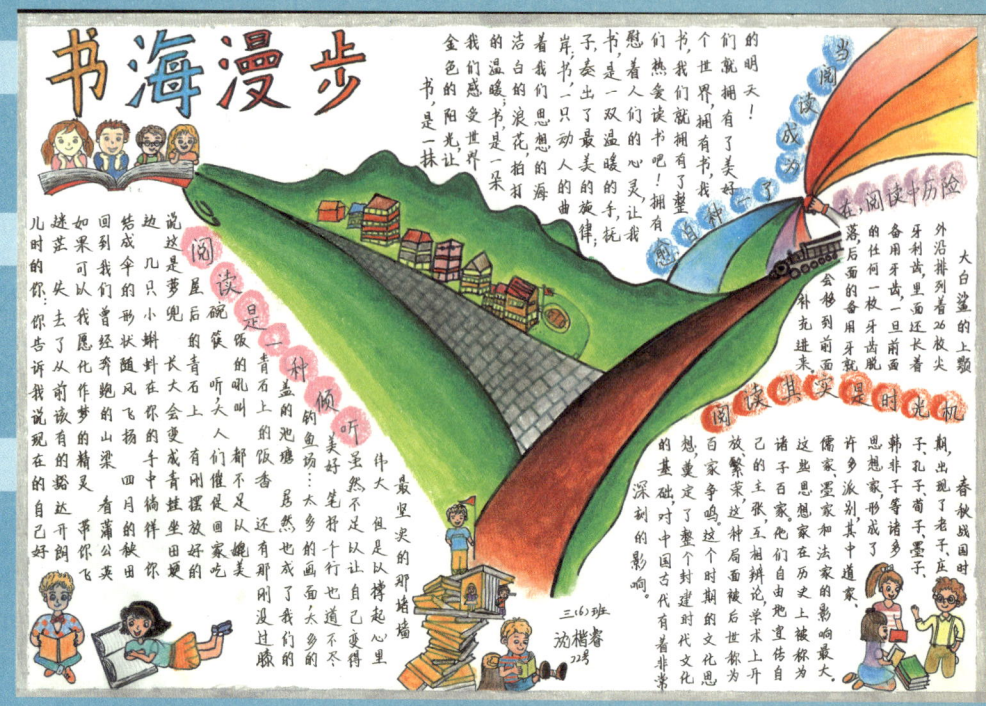

◇学校：嘉兴市塘汇实验学校 ◇作者：沈楷睿 ◇指导老师：夏秀华

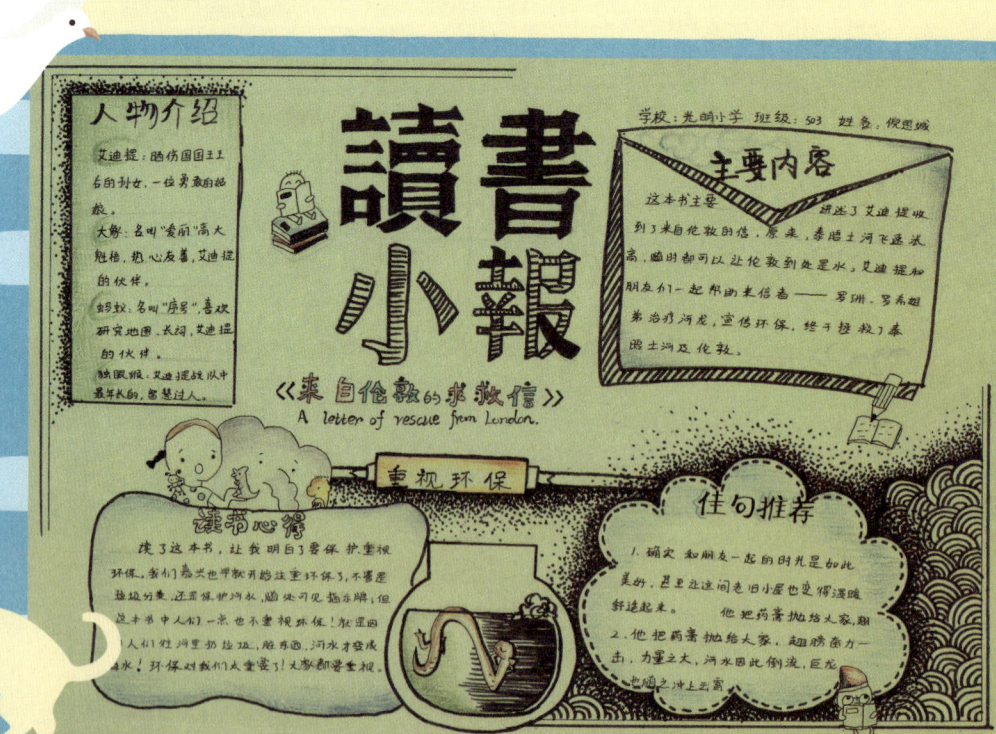

◇学校：嘉兴市光明小学 ◇作者：倪思城 ◇指导老师：潘虹

读书小报

古今贤文

枯木逢春犹再发，人无两度再少年。不思老而无成，只怕幼儿不学。长江后浪推前浪，世上今人胜古人。若使年华虚度过，到老空留后悔心。有志不在年高，无志空长百岁。少壮不努力，老大徒伤悲。好好学习，天天向上。坚持不解。久炼成钢。三百六十行，行行出状元。冰生于水而寒于水，青出于蓝而胜于蓝。书到用时方恨少，事非经过不知难。身怕不动，脑怕不用。手越用越巧，脑越用越灵。三天打鱼，两天晒网。三心二意，一事无成。一日练，一日功；一日不练十日空。拳不离手，曲不离口。学海无涯苦作舟。磨要生锈，人不学要落后。书山有路勤为径，学海无涯苦作舟。师傅领进门，修行在自身。熟能生巧，业精于勤。

名人读书

华罗庚猜书

著名数学家华罗庚读书的方法与众不同。他拿到一本书，不是翻开从头至尾地读，而是对着书思考一会，然后闭目静思。他猜想书的谋篇布局，斟酌完毕再打开书，如果作者的思路与自己猜想的一致，他就不再读了。华罗庚这种猜读法不仅节省了读书时间，而且培养了自己的思维力和想象力，不至于使自己沦为书的奴隶。

读书方法

读书有三到：
心到
眼到
口到

"读万卷书，行千里路""开卷有益"是我们从小接受的谆谆教诲，加上高考独木桥摆在面前，所以只能每天"两耳不闻窗外事，一心只读圣贤书"。可怎样养成好的读书习惯呢？

(1) 看目录速读全书，掌握风格。
(2) 回想自己所了解的，比作者多及少的地方（绝大多数是少）。
(3) 既然少，自己想从这书里看到什么问题，什么是自己最感兴趣的，对自己最有帮助。
(4) 目标确定后，规定时间。
(5) 重点放在目录，大标题，和每章节的开头结尾处，这样速度快而且能抓住重点。
(6) 记下一些好的句子或重点段落。
(7) 读书过程中，随时保持"批判性思维"。让自己的思路活跃起来，把每一个能联想起来的点画在导图上，同时写作者优缺点，自己的看法，还可以参考哪些书。
(8) 最后复习一遍，选择重点段落完善导图。
(9) 自己整理笔记，总结收获。

◇学校：嘉兴市塘汇实验学校 ◇作者：周歆惠 ◇指导老师：徐嘉悦

读书 Reading 小报

昆虫记简介

《昆虫记》一书描述了小小的昆虫将守自然的规则，为了生存而繁衍进行着不懈的努力。

在书中，法布尔依据其毕生从事昆虫研究的经历和成果，以人性化观照虫性，用通俗易懂、生动有趣和散文的笔调，深入浅出地介绍了他所观察和研究的昆虫的外部形态、生物习性，真实地记录几种常见昆虫的本能、习性、劳动、婚恋等，传播了科学文化知识，体现了作者细致入微的科学精神。

小池
宋·杨万里

泉眼无声惜细流，树阴照水爱晴柔。
小荷才露尖尖角，早有蜻蜓立上头。

译义：
泉眼悄然无声是因舍不得细细的流水，树荫倒映水面是喜爱晴天和风的轻柔。娇嫩的小荷叶刚从水面露出尖尖的角，早有一只调皮的小蜻蜓立在它的上头。

- 古诗
- 弟子规
- 昆虫记
- 月亮的味道
- 不怕雨的朋友
- 爱丽丝梦游仙境
- 晋察冀漂流记

◇学校：嘉兴市阳光小学 ◇作者：顾晨一 ◇指导老师：章扬

读书小报

之

《胡小闹日记，好朋友，坏朋友》

主要内容及读后感想

本书讲述了胡小闹的好朋友表面很好和校外的一群小混混交了朋友，并且学会了抽烟、打架、喝酒。胡小闹劝人不听，他也不听，最后还被小混混们打一顿，还有家人大量的唠叨，是真右刺激啊……

这本书告诉我们交友的标准，首先，是把品德作为择友的第一标准；第二，交友标准向上，能给自己带来正能量的朋友，第三，一定要多跟优秀的人接触。

好词好句摘录

▲蒸西瓜鼻子一瞪，伤心的泪水像断了线的珠子，哗哗而个不停。

▲胡小闹的心就像是一块被丢进水里的海绵，藏来藏去，藏来藏去……

▲月亮姐姐就像是一个害羞的小姑娘，慢慢地把脸在乌云权权后，过还不肯露面，整个大夜显得就像来疯的墨衬的黑了一般。

▲清晨的太阳慢慢升起，照耀着大地，鸟儿睁开睡眼，啪啪伸展着翅膀，新的一屏开始啦！

▲夜来了，海吴的天空配着一块黑不知的幕布罩在天致。微风吹拂着吴叶，唱着沙沙的歌谣，仿佛告诉人们，新的一天开始了。

▲盛德 云开雾散 异口同声 口若悬河 书有所思
莫名其妙 化险为夷 加厚从像 感同身受 毫不犹豫 坚如磐石

胡小闹语录

★人生，如果没有朋友，就好比是孤独的世界里没有了小性息，多么孤单啊！
★好朋友不必两肋插刀，坏朋友插你两刀。
★遇到危险，好朋友会帮助你，坏朋友躲越脚；好朋友只会真情的展示，阿阿朋友赞。
★想吸引更多的朋友，先做最棒的自己！

学校：嘉善县第二实验小学 ◇作者：曹可宁 ◇指导老师：皮加园

世界读书日 · 漫步书林

"书犹药也，善读可以医愚。"书能保持你的青春。现在，书是我生活中不可缺的一部分。遨游无涯，让我在书上慢慢欣赏……

书—我的朋友

我与书的故事

读者

孟母三迁

◇学校：海宁市长安镇辛江中心小学 ◇作者：单韬 ◇指导老师：应飞凤

读书方法

1. 读书有三到，谓心到、眼到、口到。心不在此，则眼不看仔细，心眼既不专一，却只漫浪诵读，决不能记，久也不能久也。三到之中，心到最急，心既到矣，眼口岂不到乎？

2. 把喜欢的好词佳句摘抄下来，细细的品味。

3. 把读书时一些好词好句摘抄下来。

我爱阅读

一本好书，就是一轮太阳，世界上的经典作品，都是沉甸甸的，它是经过岁月磨砺而死死一来的作品，是经过时间检验下来的作品。一个良好的习惯，会让人终身受益，读书习惯可以培养良好的习惯，而且也能让人长精神。书是我们的良师益友，具体内容中不可或缺的一心旷神怡的部分，今理亮我前进的方向。

读书谚语

1. 读万卷书，行万里路。
2. 如饥似渴，敏而好学。
3. 粮食补身体，书籍丰富智慧。
4. 穷者因书而富，富者因书而贵。
5. 书籍的来源离不开水分，成长的源泉要学习。
6. 树不修，长不直；人不学，没知识。
7. 宝剑不磨要生锈，人不学习要落后。

高尔基救书

世界文学家高尔基对书籍情独深，视书如命。有一次，他的房间失火了，他首先抱起的是书本，其他的任何东西都不予考虑，他说："书本曲启示着我的智慧和心灵，而帮助我在片延说里话起来，如果没有书本的话，我就沉没在这片泥塘里了。"

◇学校：海宁市沈士中心小学　◇作者：杨梓昕　◇指导老师：陈燕

浓浓书香伴我成长

读书的好处

读书养性，读书可以陶冶自己的性情，使自己温文尔雅，具有书卷气；读书破万卷，下笔如有神，多读书可以提高写作能力，写文章就文思敏捷。但书不厌百回读，熟读深思子自知，读书可以提高理解能力，只要熟读深思，你就可以知其中的道理了；读书可以知识得到积累，君子学以聚知，总知爱好读书是好事。

其实，对于任何人而言，读书最大的好处在于：它让求知的人从中获知，让无知的人变得有知。

我的读书故事

我是一个喜欢读书的小男孩，我还有几次难忘的读书经历。记得有一起事，我躺在床上看书，妈妈关上了灯，但是我还想看书，我就打开灯，看到很晚才睡觉。还有一次，我的朋友到我家去玩，我在书房里看书，我的朋友在外边玩，但我还是津津有味地看着书。这就是我读书的故事。

《海底两万里》读书笔记

读了《海底两万里》我明白了这是一本科幻小说，作者儒勒·凡尔纳在写这本小说时，竟然还没发明出来，他却能写出海底探险故事，而且描绘得很棚栩栩如生，让读者沉浸在书中，仿佛回到了陆地，只能屋里航米和鹦鹉螺号没有死，其他人都死了，而他们俩也被抓走了，那时他们才明白传说的"海怪"就是鹦鹉螺号的一次报复，就算是此刻到这个时代发达的年代，也很少能找到书中所写的"鹦鹉螺号"一样的潜艇出来。

《三国演义》读书笔记

四大名著之一的《三国演义》在中国已经流传了许多年，是一部十分经典的名著。

我最喜欢的人物诸葛亮，他进退行兵神鬼测，陈仓道口新王双。他还料事如神一一东来雾满长江，远远难渡水渺连，骤雨飞篇来草头，孔明今日胜周郎。

◇学校：嘉兴市秀洲区王江泾镇金跃小学　◇作者：陈昕妍　◇指导老师：钟丽燕